MARKETING PARA SALAS DE AULA

Diane Andreia de Souza Fiala

MARKETING PARA SALAS DE AULA

◆ Conceitos, resumos e exercícios ◆

ALTA BOOKS
EDITORA
Rio de Janeiro, 2017

Marketing para Salas de Aula — Conceitos, resumos e exercícios
Copyright © 2017 da Starlin Alta Editora e Consultoria Eireli. ISBN: 978-85-508-0047-9

Todos os direitos estão reservados e protegidos por Lei. Nenhuma parte deste livro, sem autorização prévia por escrito da editora, poderá ser reproduzida ou transmitida. A violação dos Direitos Autorais é crime estabelecido na Lei nº 9.610/98 e com punição de acordo com o artigo 184 do Código Penal.

A editora não se responsabiliza pelo conteúdo da obra, formulada exclusivamente pelo(s) autor(es).

Marcas Registradas: Todos os termos mencionados e reconhecidos como Marca Registrada e/ou Comercial são de responsabilidade de seus proprietários. A editora informa não estar associada a nenhum produto e/ou fornecedor apresentado no livro.

Impresso no Brasil — 1ª Edição, 2017 - Edição revisada conforme o Acordo Ortográfico da Língua Portuguesa de 2009.

Obra disponível para venda corporativa e/ou personalizada. Para mais informações, fale com projetos@altabooks.com.br

Produção Editorial Editora Alta Books	**Gerência Editorial** Anderson Vieira	**Marketing Editorial** Silas Amaro marketing@altabooks.com.br	**Gerência de Captação e Contratação de Obras** autoria@altabooks.com.br	**Vendas Atacado e Varejo** Daniele Fonseca
Produtor Editorial Claudia Braga Thiê Alves	**Supervisão de Qualidade Editorial** Sergio de Souza			Viviane Paiva comercial@altabooks.com.br
Produtor Editorial (Design) Aurélio Corrêa	**Assistente Editorial** Renan Castro			**Ouvidoria** ouvidoria@altabooks.com.br
Equipe Editorial	Bianca Teodoro	Christian Danniel	Illysabelle Trajano	Juliana de Oliveira
Revisão Gramatical Ana Paula da Fonseca Alessandro Thomé	**Layout e Diagramação** Lucia Quaresma	**Capa** Bianca Teodoro		

Erratas e arquivos de apoio: No site da editora relatamos, com a devida correção, qualquer erro encontrado em nossos livros, bem como disponibilizamos arquivos de apoio se aplicáveis à obra em questão.

Acesse o site www.altabooks.com.br e procure pelo título do livro desejado para ter acesso às erratas, aos arquivos de apoio e/ou a outros conteúdos aplicáveis à obra.

Suporte Técnico: A obra é comercializada na forma em que está, sem direito a suporte técnico ou orientação pessoal/exclusiva ao leitor.

Dados Internacionais de Catalogação na Publicação (CIP)
Vagner Rodolfo CRB-8/9410

F438m   Fiala, Diane Andreia de Souza

Marketing para salas de aula: conceitos, resumos e exercícios / Diane Andreia de Souza Fiala. - Rio de Janeiro : Alta Books, 2016.
256 p. ; 17cm x 24cm.

Inclui índice.
ISBN: 978-85-508-0047-9

1. Marketing. I. Título.

CDD 658.8
CDU 658.8

ALTA BOOKS EDITORA

Rua Viúva Cláudio, 291 — Bairro Industrial do Jacaré
CEP: 20970-031 — Rio de Janeiro - RJ
Tels.: (21) 3278-8069 / 3278-8419
www.altabooks.com.br — altabooks@altabooks.com.br
www.facebook.com/altabooks

Sobre a Autora

Diane Andreia de Souza Fiala é bacharel em Marketing pela Universidade Paulista (UNIP), mestra em Política Social pela Universidade de Buenos Aires (UBA) e mestra em Educação na Faculdade de Educação da Universidade Estadual de Campinas (UNICAMP). Atualmente é professora na Faculdade de Tecnologia "Dom Amaury Castanho", de Itu (Fatec Itu), do Centro Estadual de Educação Tecnológica Paula Souza. Leciona disciplinas na área de Marketing, Empreendedorismo, Inovação, Metodologia Científica e Administração. Entre suas linhas de pesquisa encontra-se a busca pelo marketing ético e pelo marketing 3.0, que é um desafio para os gestores do século XXI.

Dedicatória

Para Marcelo Fiala, pelo apoio de sempre e por ser meu companheiro nesta vida.

AGRADECIMENTOS

Primeiramente agradeço ao prof. Dr. Dilermando Piva Jr., por ter intermediado o contato inicial com a Alta Books. A Marco Pace, pela oportunidade de ver os planos se concretizarem. A todos e todas da Alta Books, pelo profissionalismo com que trataram o processo de construção e edição deste livro. À minha família (mãe, pai, irmãos, irmã e marido), pelo apoio, incentivo e estímulo para seguir na carreira acadêmica. A todos os alunos e alunas com os quais aprendi muito em sala de aula e são a inspiração para a construção de um material didático que seja uma ponte para construção de conhecimentos e para busca de outras leituras. Aos professores e professoras, meu respeito, e espero que este livro facilite o planejamento de suas aulas ao trazer conteúdos que permitem a reflexão de temas atuais, mais próximos da realidade brasileira, dos micro e pequenos empreendedores, não deixando de mostrar o ponto de vista de diversos autores sobre os temas tratados nesta edição.

SUMÁRIO

INTRODUÇÃO — XXIII
    Sobre este Livro — XXIII
    Convenções Usadas Neste Livro — XXIII
    Como este Livro está Organizado — XXIV

CAPÍTULO 1 — MARKETING: HISTÓRICO E CONCEITOS — 1
    1.1. Introdução — 1
    1.2. Conceitos — 3
        Origem e Evolução do Marketing — 3
        Então, o que É Marketing? — 9
        Para que Serve o Marketing? — 12
    1.3. Atividade de Autoavaliação — 14

CAPÍTULO 2 — ABORDAGENS DO MARKETING — 17
    2.1. Introdução — 17
    2.2. Conceitos — 18
        Abordagens Clássicas — 18
            Abordagem Clássica do Marketing — 19

	Abordagens Contemporâneas	27
	Marketing Holístico	29
	Marketing Interno	29
	Marketing Integrado	31
	Marketing de Relacionamento	32
	Marketing Socialmente Responsável	33
	Marketing 3.0	35
	Era da Participação e do Marketing Colaborativo	35
	Era do Paradoxo da Globalização e do Marketing Cultural	36
	Era da Sociedade Criativa e do Marketing do Espírito Humano	36
	Marketing 3.0: Colaborativo, Cultural e Espiritual	37
	Marketing para Seres Humanos (MSH)	37
2.3.	ATIVIDADE DE AUTOAVALIAÇÃO	39

CAPÍTULO 3	AMBIENTES DE MARKETING	41
3.1.	INTRODUÇÃO	41
3.2.	CONCEITOS	42
	O Ambiente de Marketing: Variáveis Macro e Microambientais	42
	Microambiente	43
	Empresa	44
	Fornecedores	46
	Intermediários	47

	Consumidores	48
	Concorrentes	49
	Públicos	49
	Macroambiente	**51**
	Ambiente Demográfico	53
	Ambiente Econômico	54
	Ambiente Político/Legal	55
	Ambiente Tecnológico	56
	Ambiente Natural	57
	Ambiente Sociocultural	58
	Ambiente de Infraestrutura	59
	Ambiente da Concorrência	60
3.3.	ATIVIDADE DE AUTOAVALIAÇÃO	61

CAPÍTULO 4 — OS 4 "P"S — 63

4.1.	INTRODUÇÃO	64
4.2.	CONCEITOS	64
	Composto de Marketing: Produto	**65**
	Definições e Funções do Primeiro P	65
	O Ciclo de Vida do Produto	66
	Níveis de Produto	69
	Análise da Matriz BCG	71
	Composto de Marketing: Preço	**73**
	Definições e Funções do Segundo P	74
	Como os Preços São Estabelecidos?	76

	Como os Preços São Adequados?	83
	Estratégias para Redução ou Aumento de Preços	85
	Estratégias e Dicas para uma Empresa Formadora de Preços	86
	Composto de Marketing: Praça	**87**
	Definições e Funções do Terceiro "P"	88
	Localização do Negócio	89
	O Ponto de Venda = Características e a Concretização da Venda Final	91
	Outros Fatores que Influenciam nas Estratégias do "P" de Praça	93
	Composto de Marketing: Promoção	**93**
	Definições e Funções do Quarto "P"	96
	Elementos do Composto Promocional	96
	Propaganda	97
	Publicidade	98
	Promoção de Vendas	98
	Marketing Direto	100
	Relações Públicas	100
4.3.	A̲t̲i̲v̲i̲d̲a̲d̲e̲ ̲d̲e̲ ̲A̲u̲t̲o̲a̲v̲a̲l̲i̲a̲ç̲ã̲o̲	**101**
CAPÍTULO 5	**ANÁLISE DA CONCORRÊNCIA**	**103**
5.1.	I̲n̲t̲r̲o̲d̲u̲ç̲ã̲o̲	**103**
5.2.	C̲o̲n̲c̲e̲i̲t̲o̲s̲	**104**
	Forças Competitivas	104

		Identificação dos Concorrentes	105
		Análise dos Concorrentes	105
		Estratégias Competitivas	106
		Outras Possibilidades de Estratégias	107
	5.3.	ATIVIDADE DE AUTOAVALIAÇÃO	108
CAPÍTULO 6	**MARKETING DE SERVIÇOS**		**111**
	6.1.	INTRODUÇÃO	111
	6.2.	CONCEITOS	112
		Especificidades dos Serviços	113
		Intangibilidade	113
		Perecibilidade	114
		Heterogeneidade	115
		Simultaneidade	116
		Composto de Marketing para Serviços	117
		Serviço (Produto)	117
		Preço	118
		Distribuição (Praça)	120
		Comunicação (Promoção)	121
		Pessoas	122
		Processo	123
		Produtividade	124
		Palpabilidade (Evidências Físicas)	124
	6.3.	ATIVIDADE DE AUTOAVALIAÇÃO	124

CAPÍTULO 7 — CANAIS DE MARKETING — 127

- 7.1. Introdução — 127
- 7.2. Conceitos — 128
  - O que São os Canais de Marketing? — 128
  - Canais de Marketing — Ganhos — 129
  - Canais de Marketing — Desafios — 130
  - Tipos de Canais — 131
    - Produtos de Consumo — 131
    - Produtos Industriais — 132
  - Varejo, Atacado e Logística — 132
  - Verticalidade / Horizontalidade — 133
  - Escolha do Canal — 134
    - Distribuição Intensiva: — 134
    - Distribuição Seletiva: — 134
    - Distribuição Exclusiva: — 135
    - Distribuição Direta: — 135
- 7.3. Atividade de Autoavaliação — 135

CAPÍTULO 8 — COMPORTAMENTO DO CONSUMIDOR — 137

- 8.1. Introdução — 137
- 8.2. Conceitos — 138
  - Fatores que Influenciam o Comportamento de Compra — 139
    - Fatores Culturais — 139
    - Fatores Sociais — 140

	Fatores Pessoais	141
	Fatores Psicológicos	142
	O Processo de Decisão de Compra	143
	Outras Teorias Sobre o Processo de Decisão de Compra	144
8.3.	Atividade de Autoavaliação	145

CAPÍTULO 9 — SEGMENTAÇÃO DE MERCADO — 147

9.1.	Introdução	147
9.2.	Conceitos	148
	Segmentação do Mercado Consumidor	151
	Segmentação Geográfica	151
	Segmentação Demográfica	152
	Segmentação Psicográfica	152
	Segmentação Comportamental	152
	Segmentação por Multiatributos	152
	Segmentação do Mercado Organizacional	153
9.3.	Atividade de Autoavaliação	153

CAPÍTULO 10 — POSICIONAMENTO DE PRODUTO OU SERVIÇO — 155

10.1.	Introdução	155
10.2.	Conceitos	156
	O que É Posicionamento?	156
	Estratégias de Posicionamento	160

		Estratégias de Reposicionamento	161
	10.3.	ATIVIDADE DE AUTOAVALIAÇÃO	162

CAPÍTULO 11 — GESTÃO DE MARCAS — 163

	11.1.	INTRODUÇÃO	163
	11.2.	CONCEITOS	164
		Histórico	164
		Definições	166
		Gestão das Marcas	169
		Sobre a Lealdade à Marca	172
		Sobre o Conhecimento da Marca	172
		A Qualidade Percebida e a Razão de Compra	173
		As Associações da Marca: A Decisão de Posicionamento	174
		Selecionando, Criando e Mantendo as Associações	174
		O Nome, o Símbolo e o Slogan	175
		Extensões de Marca	175
		Revitalizando a Marca	176
		Branding Global e Recapitulação	176
	11.3.	ATIVIDADE DE AUTOAVALIAÇÃO	177

CAPÍTULO 12 — MARKETING DIGITAL — 179

	12.1.	INTRODUÇÃO	179
	12.2.	CONCEITOS	180
		Economia Digital	181

	Mídia Digital e Notícias Online	181
	e-Commerce e e-Business	182
	Comunidades Virtuais, Redes Sociais da Internet	182
	Aplicativos e Dispositivos Móveis e o Mobile Marketing	182
	Marketing de Conteúdo ou Content Marketing	184
12.3.	Atividade de Autoavaliação	185

CAPÍTULO 13 — GESTÃO DE MARKETING — 187

13.1.	Introdução	187
13.2.	Conceitos	188
	Gestão de Marketing: Estratégia Competitiva que Diferencia	189
	Estratégias de Diferenciação para Produtos ou Serviços	190
	Estratégias de Diferenciação para Preços	190
	Estratégias de Diferenciação para Praça e Distribuição	190
	Estratégias de Diferenciação para Promoção	190
	Estratégias de Diferenciação para Pessoas	191
	Estratégias para o Ciclo de Vida dos Produtos/Serviços	191
	Estratégias para os Ambientes de Marketing	191
	Estratégias e a Segmentação de Mercado	192

    Estratégias e o Posicionamento do Produto
    ou Serviço   192
    Estratégias para a Gestão da Marca   192
  13.3. ATIVIDADE DE AUTOAVALIAÇÃO   193

CAPÍTULO 14 — INTERFACE DO MARKETING COM AS DEMAIS ÁREAS DA EMPRESA — 195

  14.1. INTRODUÇÃO   195
  14.2. CONCEITOS   196
    Marketing e Finanças   196
    Marketing e Logística   196
    Marketing e P&D/Engenharia/Qualidade   197
    Marketing e Administração   197
    Marketing e Marketing   198
    Marketing e Operacional   198
    Marketing e Vendas/Comercial   199
    Marketing e Informática   200
    Marketing e Rh/Gestão de Pessoas   200
  14.3. ATIVIDADE DE AUTOAVALIAÇÃO   200

CAPÍTULO 15 — MARKETING ÉTICO — 201

  15.1. INTRODUÇÃO   201
  15.2. CONCEITOS   202
    Ética nas Organizações   202
    A Ética no Marketing   203

		O Consumidor Ético e o Consumo Consciente	205
	15.3.	Atividade de Autoavaliação	206

LEITURAS COMPLEMENTARES 207

GLOSSÁRIO 215

REFERÊNCIAS 221

ÍNDICE 225

INTRODUÇÃO

SOBRE ESTE LIVRO

O objetivo é trazer para o aluno um livro didático que permita a ele entender o que é marketing, e que não há uma fórmula mágica nessa área, pois se lida com estratégias o tempo todo e, por isso, a criatividade e o conhecimento de temas atuais são fundamentais.

Mas esta obra também tem o objetivo de possibilitar ao aluno a prática, uma vez que o marketing depende dela e da aplicação de conceitos para melhor apreensão dos conteúdos e compreensão das teorias. É importante mostrar aos alunos e docentes que o marketing pode ser ético, que não é apenas vendas, nem propaganda, publicidade e tampouco deveria ser sinônimo de enganação, persuasão, entre outros adjetivos que o desqualificam.

Espero que ao final você consiga perceber que o marketing não é responsável pela degradação do meio ambiente. O marketing se resume a conceitos e teorias, mas o responsável pela degradação do meio ambiente é o homem.

No século XXI sobreviverão as empresas que prezarem por ações que respeitem o ser humano, o meio ambiente, que colaborem com a preservação das espécies e prolonguem a vida do planeta.

CONVENÇÕES USADAS NESTE LIVRO

No início de cada capítulo são apresentados os objetivos, as competências e as habilidades a serem desenvolvidas.

Os capítulos estão organizados nas seguintes seções:

❑ **Introdução:** explana-se sobre o assunto a ser estudado no capítulo, recapitulando os principais conceitos do capítulo anterior.

❑ **Conceitos:** nesta seção são apresentados os conceitos, sempre sistematizando o debate por meio do resgate dos principais autores da área.

❑ **Autoavaliação:** é a sessão que traz questões para apreensão dos conteúdos apresentados no item Fundamentos.

COMO ESTE LIVRO ESTÁ ORGANIZADO

Este livro está organizado em capítulos e é composto por um total de 15 deles.

O **Capítulo 1** mostra como surge a área de estudos do marketing, onde, como, por que e quando. Também é conceituado o termo marketing, já rompendo com alguns estigmas e tratando das orientações das empresas na área de negócios.

O **Capítulo 2** traz as teorias clássicas da área e as abordagens contemporâneas. A intenção é a de que o aluno tenha conhecimento dessas teorias, sabendo aplicá-las corretamente e mesclá-las quando necessário.

O **Capítulo 3** descreve o que é o ambiente de marketing e sua importância no momento de preparar as estratégias iniciais levando em consideração o micro e o macroambiente, o que culminará na montagem da matriz SWOT ou PFOA, que analisa oportunidades, ameaças, pontos fortes e pontos fracos da empresa.

No **Capítulo 4** apresento, em detalhes, o desmembramento de uma das teorias clássicas do marketing, que é o Composto de Marketing, conhecido também como 4 Ps ou Mix de Marketing. Cada subitem será destinado a um item do composto de marketing, para que cada um dos Ps seja compreendido em profundidade, permitindo a prática para a fixação de conceitos.

O **Capítulo 5** é dedicado à análise da concorrência. Esse é um estudo e análise que demanda conhecimentos sólidos, principalmente no momento de identificação dos concorrentes diretos e indiretos, pois, com o advento da internet, esse concorrente pode ser uma loja física ou online.

Como a área de serviços emprega muitas pessoas, mas também lida com enormes dificuldades no dia a dia por falta de pessoal capacitado para lidar com pessoas, no **Capítulo 6** trato de uma das abordagens contemporâneas, que é o marketing de serviços, para que você saiba aplicá-lo no ambiente empresarial, obtendo vantagens competitivas com o seu uso.

No **Capítulo 7**, a atenção se volta aos canais de marketing e à distribuição de produtos, serviços e informações no cotidiano de empresas de pequeno, médio e grande porte.

No **Capítulo 8** são apresentadas características do comportamento do consumidor a partir de seus aspectos psicológicos e sociológicos. É importante conhecer um pouco sobre a história do país, sobre seus traços culturais, na busca por tentar responder à pergunta sobre se o consumidor brasileiro é tão cordial como diz a literatura.

Os **capítulos 9** e **10** tratam de temáticas que se complementam, que são, respectivamente, a segmentação do mercado e o posicionamento do produto ou serviço a partir do perfil traçado. Cada capítulo trará informações detalhadas que permitam ao aluno ter facilidade e domínio no momento de definir mercados e a atuação da empresa em novos nichos.

A gestão da marca será abordada no **Capítulo 11**, em profundidade, por ser o ativo mais importante da empresa. É importante que o aluno entenda a seriedade que deve ser dada às ações da empresa voltadas à gestão da marca e seu posicionamento no mercado.

No **Capítulo 12**, a ênfase é dada ao marketing digital. Como este é um tema atual, dedica-se a ele um capítulo, para que possa ser desenvolvido em profundidade.

Com os assuntos tratados nos capítulos anteriores, é chegado o momento de estudar a gestão de marketing, no **Capítulo 13**, com ênfase em como um profissional de marketing, ao unir os conceitos apresentados nos capítulos anteriores, faz a gestão de marketing da empresa.

E no **Capítulo 14** são apresentadas informações de como deveria acontecer a interface da área de marketing com os demais setores da empresa.

E não menos polêmico é refletir se o marketing é ou pode ser ético, e como agir em busca da ética nos negócios, tema do **Capítulo 15**.

Ao final, listo algumas **leituras complementares** para cada capítulo. Essas leituras, claro, complementam os temas de cada capítulo e chamam a atenção dos alunos para temas atuais. Nessa seção encontram-se links para artigos, charges, entrevistas, documentários, entre outras informações interessantes.

Em seguida, no **Glossário**, você encontrará a lista de alguns conceitos tratados em cada capítulo, com os respectivos significados e sinônimos.

Por fim, nas **Referências**, você pode consultar os autores e textos utilizados e citados ao longo do livro para embasar os conceitos e as discussões apresentadas, com o objetivo de facilitar o preparo das aulas para os docentes.

Desejo a você bons estudos.

CAPÍTULO 1

MARKETING: HISTÓRICO E CONCEITOS

> **OBJETIVOS DO CAPÍTULO:**
> ❑ Conceituar o que é marketing, apresentando a evolução da forma como o marketing é conceituado em diferentes épocas.
>
> **COMPETÊNCIAS:**
> ❑ Identificar as mudanças pelas quais passa o conceito de marketing até a primeira década do século XXI e reconhecer os momentos históricos em que o marketing surgiu.
>
> **HABILIDADES:**
> ❑ Inserir o marketing no contexto da evolução da teoria da administração como parte de um processo maior, que não é fragmentado, mas, sim, continuidade da evolução da própria necessidade administrativa.

1.1. INTRODUÇÃO

Quero te dar as boas-vindas a esta disciplina. Eu, professora-autora, preparei *para você* um material com o qual possa *descobrir o mundo do* **marketing,** que é uma das áreas que mais despertam a curiosidade de alunos e empresários que querem aprender técnicas para difundir, convencer, persuadir e divulgar bens, produtos e serviços, melhorar a imagem e identidade da empresa ou, ainda, agregar valor aos produtos e serviços.

Por isso, pergunto a você:

❑ *Em seu ponto de vista, o que é* **marketing?** (Anote suas respostas e percepções, use o seu senso comum para responder a esta pergunta, não faça outras pesquisas, nem avance a leitura antes de responder a esta pergunta. A ideia é conhecer seu ponto de vista. É importante informar que você usará essas anotações em um exercício ainda no decorrer deste capítulo.)

❑ *Observando as fotos a seguir, quais são suas percepções?* (Anote-as) **Há relação entre essas fotos e o avanço da Teoria Geral da Administração?** (Recupere materiais da área da Teoria Geral da Administração. Anote suas respostas.)

FIGURA 1 — DISPOSIÇÃO DE PRODUTOS EM UMA FEIRA LIVRE

FONTE: HTTP://PT.FREEIMAGES.COM

FIGURA 2 — DISPOSIÇÃO DE PRODUTOS EM UMA FEIRA LIVRE

FONTE: HTTP://PT.FREEIMAGES.COM

Ao se estudar o marketing, é muito importante fazer a relação dessa área com a própria evolução da Teoria Geral da Administração, porque não são contextos separados.

Outro aspecto importante neste primeiro capítulo é respeitar o seu ponto de vista sobre o que *você acha* que é o marketing, porque assim, no decorrer das aulas, você poderá comparar o que pensava a respeito e como o conteúdo apresentado expandirá seu conhecimento sobre o assunto.

Um bom gestor de marketing deve ter a habilidade de respeitar o passado e as próprias crenças, mas também precisa perceber quando o mercado muda, levando em consideração que o mercado inova a cada dia e que, se ele não se atualizar, **perderá o barco**.

Agora convido você a fazer uma breve viagem pela história da administração, para que eu possa apresentar quando e onde o marketing surge, com qual finalidade, como era visto pelos estudiosos da época, e também apresentar conceitos importantes sobre esse termo e como os pesquisadores conseguem vislumbrar o tema a partir de diferentes ângulos, de acordo com a evolução do contexto empresarial.

1.2. CONCEITOS

Origem e Evolução do Marketing

Apesar de ser possível encontrar as raízes do que é o marketing ao longo da história da civilização humana, ele, como área de estudos, surgiu da necessidade que os industriais começavam a enfrentar para administrar seus negócios, uma realidade totalmente inovadora, advinda com a Revolução Industrial, o que era uma mudança de paradigma — porque se saía de uma realidade de vendedores para outra de compradores.

Era preciso informar o lugar onde os produtos eram comercializados, não havia o mercado competitivo, mas aos poucos os comerciantes começavam a se preocupar com a concorrência.

Resumindo: o comércio evoluiu do simples escambo (trocas) até o uso corrente da moeda, o que facilitou o processo de organização do comércio e permitiu que chegássemos aos dias atuais com o dinheiro digital.

Os mercados se expandiram não só com o uso da moeda, mas também com a herança das inovações tecnológicas, como as navegações, que permitiram a conquista não só de novos mercados e agilidade no transporte de mercadorias, mas também a conquista de novos continentes; a ferrovia e a aquavia, em muitos países, ainda são uma estratégia para deslocamento de pessoas e mercadorias para longas distâncias a baixos custos.

Mais tarde as cidades se avolumaram com a Revolução Industrial, porque, até então, a maioria das pessoas vivia no campo, e a economia dependia do trabalho de grupos em volta da lavoura e da colheita, e dos trabalhos manuais do artesão.

Na cidade, a economia dependia da mão de obra do indivíduo, e os mercados e transações começaram a se tornar complexos com o aumento de indústrias, inchamento das cidades e novas realidades, tais como necessidade de saneamento básico, de melhorias nos transportes, educação e saúde.

Por muito tempo o conceito de planejar as ações para conquistar clientes não foi estudado, porque a preocupação da empresa era produzir e vender para ter com o que comprar mais matéria-prima para a produção.

Resumindo: limitava-se aos atos de vender as mercadorias para conseguir lucros. O mercado era baseado na experiência do comerciante, em situações de oportunidade, e os riscos eram pouco analisados.

Essa ideia de se basear apenas na experiência do comerciante começa a mudar com os precursores da Teoria Clássica da Administração (Frederick Winslow **Taylor**) e Administração Clássica (Jules Henri **Fayol**). Mas tanto Taylor quanto Fayol buscavam em seus estudos como maximizar o lucro.

Por isso é importante esta contextualização histórica, porque o marketing passa pelos estágios da chamada economia monetária (KOTLER, 1980) chegando até a era das Tecnologias da Informação e Comunicação (TICs), em que as relações de troca são complexas e precisam de atenção especial (como veremos no decorrer dos capítulos).

Embora a ação de comercializar (marketing) tenha surgido formalmente no início do século XX (KOTLER, 1980), o **estudo** do marketing tem início nos anos 1950, nos Estados Unidos, e, para que isso ocorresse, foi necessário o desenvolvimento do mercado, e as seguintes características podem ser apontadas como essenciais ao processo:

- ❏ A consolidação da indústria no pós-guerra (Segunda Guerra Mundial), já que, ao analisar a história, pode-se afirmar que os Estados Unidos não sofreram destruição em seu território decorrente da guerra e, ao final, não tinham como prioridade a reconstrução do país, como foi o caso do Japão e de países da Europa.

- ❏ Suas indústrias podiam voltar a atenção a outros produtos, sem contar a variedade de indústrias fabricantes naquele país, o que permitiu maior oferta de modelos e possibilidades de financiamento da indústria.

- ❏ Grande onda de imigração iniciada no final do século XIX e que perdurou até metade do século XX, principalmente de judeus, que, segundo o prof. dr. Sérgio Alberto Feldman, da Universidade Federal do Espírito Santo, são comerciantes natos e por isso são perseguidos na Europa, mas nos Estados Unidos são aceitos e cooperam com o crescimento e aperfeiçoamento do mercado de troca.

- ❏ Aprimoramento dos meios de comunicação nas décadas de 1920-1930, respectivamente, a chamada era do rádio na década de 1920, e o início da TV na década de 1930 (ambas as inovações florescem nos Estados Unidos, possibilitando a aplicação de teorias de mercado às vendas). No Brasil, a era da TV se iniciou na década de 1950.

- ❏ Intensificação do comércio internacional e das viagens aéreas de longo percurso.

- ❏ A geração baby boomer, que, no pós-guerra, desejava satisfazer suas necessidades e desejos de longevidade, de novos produtos, de estabilidade financeira, de realização pessoal e *status*.

- ❏ Início da maior participação da mulher no mercado trabalho e primeiras conquistas de sua emancipação, entre outros.

Essas condições permitiram a diversificação dos mercados e deram aos consumidores mais opções de escolha e de informação.

Todas essas situações levaram as empresas a se preocupar com as vendas, pois, no início da Revolução Industrial, as pessoas compravam os produtos sem variedade de escolha; muitas vezes era um só fabricante local, e o poder de mercado era da fábrica. Mas o aumento de fabricantes proporcionou maior oferta de modelos, e os consumidores agora podiam **escolher.**

Nesse cenário de grandes mudanças, surgiu, nos Estados Unidos, a primeira loja de departamento, a Macy's, criada em 1858. E foi naquela década que as lojas de departamento se intensificaram e a competição começou a acirrar-se (com destaque para lojas como Macy's, Sears e Dillard's, que vendiam um pouco de tudo).

Nessa mesma época começavam a ser criados os *super*mercados com grande sortimento (oferta de várias mercadorias e marcas).

Outro grande acontecimento, nos anos 1960, foi o surgimento dos Shopping Centers (espaços diversos para vender os mais variados produtos e prestar os mais diversos serviços).

Esses ambientes pensados para a venda em massa e diversidade de espaços já assinalava uma nova era, em que a sociedade começava a buscar por facilidade, conforto, comodidade, descontos, promoções, segurança e novas tendências de maior atratividade ao cliente.

Philip Kotler, referência internacional na área de estudos sobre o que é marketing e sua evolução, em seu livro de 1980 (p. 30), menciona citações da década de 1960 que lhe permitirão entender como as pessoas viam o marketing (muitos desses pontos de vista, sem dúvida, ainda prevalecem. Talvez essas mesmas citações o ajudem a entender melhor algumas de suas percepções — pergunta 1 do item **Introdução**). Para alguns, o marketing era o salvador da sociedade, como você poderá confirmar nas citações a seguir.

> As políticas e práticas agressivas de marketing têm sido grandemente responsáveis pelo alto padrão de vida na América do Norte. Hoje, através de um marketing de massa de baixo custo, consumimos produtos que antes eram considerados de luxo e que ainda são classificados dessa forma em muitos países. (STATON, 1964 apud KOTLER, 1980, p. 30)

> A propaganda fomenta o poder consumidor do homem. Cria desejos de um padrão de vida melhor. Coloca em face do homem o objetivo de uma moradia melhor, roupas melhores, alimentação de melhor qualidade para si e para sua família. Estimula o esforço individual e maior produção. Junta numa união fértil coisas que de outra forma não entrariam em contato. (CHURCHILL, s.d. apud KOTLER, 1980, p.30)

Nas duas citações anteriores, é interessante analisar que, para essas pessoas, o marketing possibilitava o acesso a bens que antes não eram conquistados. As técnicas do marketing ajudaram a baratear os preços e permitiram que as pessoas tivessem acesso a produtos que, para nós, atualmente, seriam de necessidade básica, mas que na época eram considerados artigos de luxo.

Mas para outros, o marketing era o vilão, o corruptor da sociedade, como você poderá verificar nas duas citações a seguir:

> Nos últimos 6.000 anos, o campo de marketing foi considerado como feito de artistas de segunda classe, trapaceiros, "picaretas" e distribuidores de mercadoria de segunda mão. Muitos de nós já foram "ludibriados" pelo trapaceiro; e todos nós alguma vez já fomos levados a comprar toda espécie de "coisas" que, na verdade, não precisávamos e que, mais tarde, descobrimos que nem ao menos queríamos. (FARMER, 1967 apud KOTLER, 1980, p. 30)

> O que um homem realmente precisa? Algumas centenas de gramas de comida todos os dias, aquecimento e abrigo, dois metros para se deitar e alguma forma de trabalho que lhe proporcionará uma sensação de realização. E isso é tudo, sob o aspecto material. Todos sabemos disso. Mas recebemos uma lavagem cerebral de nosso sistema econômico, até que terminemos numa tumba, debaixo de uma pirâmide de prestações, hipotecas, *utensílios absurdos* [grifo nosso], brinquedos que desviam nossa atenção da estupidez de tudo isso. (HAYDEN, 1963 apud KOTLER, 1980, p. 30)

Analisando essas duas citações, fica claro que marketing se confundia com vendas, como a situação que talvez você já tenha presenciado do vendedor que se utiliza absolutamente de todo seu conhecimento e poder de persuasão para vender um produto ou serviço. Ou ainda a alusão que se faz ao marketing como sendo propaganda, e a propaganda está conectada ao sistema econômico, e não à psicologia e uso de seus conceitos para persuadir o consumidor.

Esses valores antagônicos do marketing chegaram ao Brasil e à maioria dos países da América Latina. Mas a realidade do pós-guerra traz uma realidade muito distinta da que havia sido vivida até então, na década de 1960. Após o uso de bombas nucleares com poder de destruição em massa as pessoas veem a vida como momentânea, frágil e apavorante; mas ao mesmo tempo, querem aproveitá-la ao máximo, satisfazendo seus desejos e necessidades tanto por produtos como por serviços, se dão ao luxo de pensar em superficialidades, querem viver o hoje, porque o amanhã talvez não exista.

No Brasil, em especial na cidade de São Paulo, na segunda metade do século XX, lojas como a Mesbla (1912) e o Mappin (1913) já eram bastante conhecidas, e a rede Pão de Açúcar (1959) abria seus primeiros supermercados, assim como surgia o primeiro shopping center, o Shopping Iguatemi, inaugurado em 1966 (apesar de que alguns afirmam que teria sido o Shopping do Méier, inaugurado em 1963, mas há divergência quanto à estrutura e os serviços oferecidos no Shopping do Méier, que não se adequariam aos de um centro de compras [shopping center]).

Ao se analisar a situação do Brasil na primeira década do século XXI, é muito clara a expansão dos shoppings centers nas capitais e nas grandes cidades do interior (já com evidências de saturação), e a oportunidade favorece a busca por novos espaços entre as cidades menores do interior.

Com o aumento de concorrentes e a segmentação dos mercados (divisão para melhorar estudo e alcance), os custos de armazenagem e distribuição começaram a ter impacto no preço de venda, e a preocupação com a logística se fez presente nas décadas de 1980 e 1990.

Os prestadores de serviços especializados em logística (que na época eram setores que não trabalhavam de maneira integrada, ou seja, um setor cuidava da distribuição física, outro, do pedido, da separação, do almoxarifado, das compras, entre outros) começaram a ser referencial no mercado de distribuição de mercadorias.

É importante mencionar também a crise inflacionária que atingiu muitos países do continente latino-americano na década de 1980. Muitos desses países saíam de períodos de ditadura militar, com suas economias fragilizadas e com a necessidade de mudanças estruturais na política econômica. A fórmula para solucionar os problemas de altos gastos públicos era a privatização de empresas públicas. Essa nova fórmula é apresentada no Consenso de Washington, que valida o processo de globalização que, em maior ou menor medida, vivenciamos até os dias atuais.

E, na década de 1990, se consolidou a transferência de negociação do fabricante para o varejista (aquele comerciante que atende ao consumidor final), com a presença de grandes redes globais de varejo operando em vários países. Tal tendência aumentou a possibilidade de negociação com os fabricantes, barateando os preços e aumentando a possibilidade de compra para a maior parte da sociedade, que busca por bens e serviços a menores custos.

Como veremos no Capítulo 4, com toda essa mudança estrutural no mercado, o preço não é mais a margem de lucro somada ao custo; ele começa a ser dado pelo mercado. Os fornecedores, concorrentes, consumidores e os governos atuaram diretamente nessa base com a própria expansão da economia e do acesso a serviços a grandes camadas da sociedade de consumo.

E foi da necessidade de se planejar a venda que se passou para o planejamento global das operações — consequência direta do processo de globalização. As empresas não tinham mais como escapar: ou se adaptavam à nova estrutura de mercado global, ou perderiam espaço para o concorrente, o que poderia afetar não somente o lucro da empresa, mas também o consumidor final, que teria que escolher outro lugar para comprar ou outra marca.

Mas, na primeira década do século XXI, os produtos não eram mais concebidos a partir da perspectiva do fabricante e da tecnologia disponível, e passaram a ser pensados a partir das necessidades e desejos dos consumidores, agregando-se a eles novas tecnologias, forçando as empresas a oferecerem custos compatíveis com um dado mercado ou realidade.

ENTÃO, O QUE É MARKETING?

A palavra marketing deriva do inglês, da palavra **market,** que significa mercado adicionando-se a esta o sufixo **ing,** de acordo com a gramática da língua inglesa. Temos, então, numa tradução literal: fazendo o mercado, agindo no mercado ou, ainda, trabalhar com mercados (KOTLER, 1980, p. 33).

Tanto em português como em inglês, essas palavras derivam do latim **mercari, marcare,** que por sua vez derivam do etrusco **merck,** palavra usada para designar as mercadorias e os objetos de comércio.

A autora Ruschmann (1990) reconhece o termo marketing como um neologismo, e ainda faz menção de outra forma de tradução do termo para o português, que seria **comercialização**. Em resumo, ***não há uma tradução exata*** para a palavra marketing em português. Por esse motivo, autores como Cobra (1997) traduzem o termo para o português como **mercadologia**, que seria o estudo do mercado.

Mas para Ruschmann (1990), mercadologia e comercialização são traduções que fazem com que a palavra marketing perca o significado que tem em inglês. Ou seja, segundo a autora, essas traduções enfatizam uma concepção do marketing voltado somente para o comércio.

No Brasil, o termo **marketing** é mais usado do que os termos ***mercadologia*** e ***comercialização***, e, como tem aceitação e entendimento internacional, será marketing o termo empregado no decorrer deste e dos demais capítulos.

Antes de apresentar o conceito de marketing, é importante que você saiba ainda que **marketing *não é vendas, não é propaganda e não é publicidade, MARKETING É MUITO MAIS QUE ISSO!*** A venda, a publicidade e a propaganda são ferramentas que o marketing utiliza para alcançar os objetivos mercadológicos da empresa (que pode ser pública, privada ou sem fins lucrativos).

Segundo a AMA (American Marketing Association), o marketing é uma atividade resultante de um conjunto de organizações e processos parar criar, comunicar, entregar e ofertar valores que são desejados pelos clientes, parceiros e a sociedade em geral.

Em 1980, o autor Philip Kotler (p. 31) afirmava que "Marketing é a atividade humana dirigida para a satisfação das necessidades e desejos, através dos processos de troca". E que o marketing era o "estudo dos processos e relações de troca [...]" (p. 29).

Estudar o marketing como um processo de como se dava a relação de troca, atualmente, parece-nos algo banal e arcaico, mas na época, pensar em processos era algo inovador. Quando Theodore Levitt publicou seu artigo "Miopia em Marketing" na revista *Harvard Business Review*, na década de 1960, apontando uma série de erros de percepções de mercado de que era preciso satisfazer a necessidade dos clientes, foi um primeiro passo para uma série de artigos e publicações que mostrariam a importância de se investir em estudos sérios sobre a importância do marketing como diferencial competitivo.

No decorrer das décadas seguintes, a visão do que é marketing evoluiu, e atualmente, entre os principais autores da área, encontramos conceitos que definem e também possibilitam acompanhar a evolução dos conceitos e da forma de se conceber o marketing.

Cobra (1997, p. 20) diz que "Historicamente, a transição da economia de produção à economia de consumo processou-se através do marketing, desde os primórdios da revolução industrial, quando a produção em massa encontrou a chamada economia de escala na fabricação".

E para Kotler, na 12ª edição de seu livro *Administração de Marketing*, publicado em 2006 (p. 4), o marketing *ainda é* "a identificação e a satisfação das necessidades humanas", mas agora também deve se preocupar com *as necessidades sociais*.

Os autores Cassar e Dias (2005, p. 43), afirmam que:

> Marketing pode ser entendido como um canal multidirecional, socialmente saudável e economicamente sustentável que se estabelece entre clientes e fornecedores, por meio do qual, necessidades e desejos são dinamicamente compreendidos, dando origem a ideias, produtos e serviços que possuem atributos percebidos como benefícios capazes de atender às necessidades das partes envolvidas, de maneira transparente e contínua.

É importante destacar como há uma mudança na forma de se conceber o marketing nestes últimos 35 anos.

Analisando o conceito de 1980 e comparando-o com os conceitos de 2005 e 2006, saímos de uma empresa que se preocupava com vendas, com a produção e a qualidade do produto para uma realidade de empresa que, na primeira década do século XXI, deveria se preocupar primeiro com o consumidor, e depois com vendas; primeiro com a necessidade humana e social, e depois com a produção e o produto.

Não que as vendas, a produção e o produto não sejam importantes, mas as empresas perceberam que, ao escutar os clientes, terão maiores chances de lançar produtos e serviços que farão sucesso no mercado, que terão diferenciais inovadores e serão mais eficientes e eficazes do que antigamente, quando era o setor de engenharia que decidia o que o cliente *tinha* que consumir.

Ao final da primeira do século XXI, podemos dizer que era por meio da **satisfação do cliente** que acontecia o processo de troca: a remuneração recebida por aquele que oferta o produto ou serviço. O e-commerce era uma prova desta realidade, havia empresas de e-commerce em que o cliente só pagava pelo serviço depois de verificar que o serviço e o produto atendiam às suas necessidades ou desejos, ou seja, se não houvesse problemas na entrega, no formato, nas condições iniciais contratadas, e então pagava pelo produto/serviço.

É como diz Ruschmann (1990, p. 15):

> O marketing é, portanto, muito mais do que a modernização das técnicas de venda: é um conceito voltado para o consumidor. Seu objetivo busca identificar e satisfazer as necessidades dos consumidores. O conceito que o relacionava apenas à venda de bens e de serviços está ultrapassado e, atualmente, já é prática normal o fato de que a produção ou o fornecimento de um serviço comece apenas após o conhecimento das necessidades e desejos dos consumidores.

Com base nesses conceitos, é possível afirmar, então, que a função máxima do marketing é satisfazer as necessidades e os desejos dos clientes, criando e entregando o produto/serviço onde quer que ele esteja, da maneira como ele deseja (que é superior à forma como ele espera), no momento em que o consumidor precisa e, atualmente, atentando-se à responsabilidade social empresarial, cuidando e preservando o planeta e respeitando o ser humano em sua plenitude e subjetividade.

Para que Serve o Marketing?

Para alguns autores (KOTLER; ARMSTRONG, 2003; COBRA, 1997; KOTLER, 2000), o marketing deve ser encarado pela empresa **como uma filosofia**. Como diz Drucker (apud KOTLER, 1980, p. 29), "o marketing é tão básico que não pode ser considerado como uma função isolada [...]. É o negócio todo visto do ponto de vista do resultado final, isto é, do cliente".

Quando os processos de marketing são cuidadosamente planejados e bem executados, servem para agregar valor ao serviço e ao produto que são oferecidos ao consumidor, conforme as suas necessidades e expectativas. Ou seja, ações planejadas para conquistar clientes constituem o objetivo das intervenções do marketing.

De acordo com o que você estudará nos próximos capítulos, o marketing serve para ajudá-lo a:

- conhecer, entender, mudar, definir ou redefinir melhor o seu público-alvo;

- preocupar-se e estar atento a questões macroambientais (que podem causar ameaças e trazer oportunidades) e microambientais (que o ajudarão a diagnosticar pontos fortes ou pontos fracos tanto na sua empresa como na do concorrente);

- conhecer e entender o que é, como funciona, para que serve e que vantagens traz à empresa o composto de marketing (também conhecido como mix de marketing) — mais conhecido como 4 Ps do marketing;

- pensar estratégias para produto/serviço, preço, praça/distribuição e promoção;

- identificar estratégias para a gestão da marca da empresa;

- identificar em qual fase do ciclo de vida se encontra cada um dos produtos e/ou serviços oferecidos por sua empresa;

- dedicar-se à criação e desenvolvimento de novos produtos e/ou serviços de acordo com as sugestões tratadas na literatura pertinente sobre o assunto;

- identificar oportunidades de mercado e novos nichos;

- posicionar o produto e/ou serviço no mercado, com diferenciais inovadores e/ou competitivos;

- pensar estratégias para a distribuição de produtos e serviços, com a análise dos canais de marketing;

- orientar uma gestão de marketing que converse com todos os departamentos de uma empresa, ou seja, um gestor de marketing que não deve pensar no marketing como um departamento isolado e, sim, como uma filosofia de empresa;

- a importância de se diversificar a quantidade de produtos e/ou serviços oferecidos, de acordo com a abertura de mercado existente;

❑ a importância de se diversificar os canais de distribuição, de se verificar a eficácia e eficiência dos canais de marketing atuais com análise pormenorizada e detalhada;

❑ que os serviços, atualmente, agregam valor ao produto final e o diferencia no atual mercado competitivo;

❑ que o marketing digital é uma possibilidade para quem atua tanto na área de serviços como na de produtos, com estratégias inovadoras que possibilitam maior interação entre empresa e consumidor;

❑ e muitos outros diferenciais e possibilidades, que você descobrirá com o avanço dos conteúdos dos demais capítulos.

É preciso que você saiba que muito se comenta sobre o marketing como ferramenta persuasiva, a que poucos têm acesso, envolvendo altos investimentos e assessoria especializada de alto custo. Isso depende! Com o avanço das mídias e redes sociais, é possível desenvolver campanhas de divulgação da marca, produto ou serviço com custos reduzidos.

1.3. ATIVIDADE DE AUTOAVALIAÇÃO

1. Para você, o que é o marketing? Comparando com a primeira resposta (item *Introdução* neste capítulo), houve mudanças? Quais?

2. Dos fatos mencionados no histórico e origem do marketing, qual(is) lhe parece(m) curioso(s) ou novo(s)? Por quê?

3. Dos tópicos mencionados no item 3 (***Para que serve o marketing?***), quais são novidade para você? Por quê?

4. Observe a foto a seguir, compare-a com as fotos do item *Introdução* neste capítulo e responda:

FIGURA 3 — EXPOSIÇÃO DE PRODUTOS

FONTE: HTTP://PT.FREEIMAGES.COM

a) Que aspectos da evolução do marketing são fundamentados ao se comparar as fotos?

b) Enumere diferenças entre as realidades apresentadas. O marketing é responsável por essas mudanças?

c) Que outras áreas da administração também são responsáveis por tais mudanças? Por quê? (*Compare as respostas destas três perguntas com as do item **Introdução** neste capítulo.*)

Relembrando: *Marketing não é vendas, não é publicidade, não é propaganda. Marketing é muito mais que isso. Atualmente, deve ser uma filosofia empresarial.*

Capítulo 2
ABORDAGENS DO MARKETING

> **Objetivos do Capítulo:**
> ❑ Apresentar as abordagens clássicas do marketing.
> ❑ Compreender o papel do marketing na sociedade atual. Ao final do capítulo, você deverá ser capaz de associar as diferentes abordagens do marketing contemporâneo na empresa.
>
> **Competências:**
> ❑ Articular a abordagem clássica do marketing às primeiras abordagens da Teoria Geral da Administração.
> ❑ Analisar uma situação contemporânea do marketing. Solucionar um problema de abordagem contemporânea no marketing.
>
> **Habilidades:**
> ❑ Perceber que a abordagem clássica do marketing ainda é aplicada no contexto empresarial do século XXI.
> ❑ Pesquisar informações que permitam a compreensão do marketing em suas abordagens contemporâneas.

2.1. INTRODUÇÃO

Neste capítulo você estudará sobre as abordagens do marketing — clássicas e contemporâneas —, que é um conteúdo essencial para nos aproximarmos das principais teorias do marketing, fazendo um resgate das primeiras teorias (que até hoje são utilizadas como alicerce da área de conhecimento) e interpretando as tendências atuais do marketing que surgem com a própria mudança do mercado, do comportamento do consumo e das necessidades e desejos das pessoas.

As abordagens permitem um acercamento do estudante à área de estudos e permitem, ainda, buscar nas entrelinhas das teorias como os autores citados neste capítulo se aproximaram do objeto de estudo, neste caso, o marketing, para estudá-lo e explicá-lo.

Você pode discordar dos autores ou pode concordar com eles. Para que isso aconteça, o essencial é que identifique a linha tênue traçada e a diferença explícita entre as abordagens clássicas e contemporâneas, sendo que para algumas destas reservam-se capítulos específicos, para que o assunto seja tratado em profundidade.

Observe na cidade em que mora, no seu bairro, na sua rua ou, ainda, próximo ao seu trabalho, empresas dos mais variados ramos. Nos comércios ou empresas prestadoras de comércio, você terá maior facilidade para observar os seguintes aspectos: a) como é o atendimento ao cliente? b) a empresa se preocupa mais em lhe prestar um bom serviço/bom atendimento ou em vender?

Nos próximos itens deste capítulo resgatarei as percepções iniciais que você teve motivado por essas duas perguntas.

2.2. CONCEITOS

A área de marketing é aquela que precisa se anteceder às mudanças. O desafio é que as mudanças acontecem numa velocidade quase impossível de ser detectada sem a análise minuciosa dos profissionais de marketing.

Não há como prever o futuro sem conhecimento do passado, pois é o tempo que nos brinda com experiências, vivências, maturidade profissional e muito aprendizado. Para as empresas e o mercado, o tempo é uma variável determinante no momento de se traçar estratégias de curto, médio e longo prazos. O tempo também deve trazer aprendizado às empresas, mais especificamente, deve até possibilitar a oportunidade de se anteciparem na busca de inovações para lançar tendências e superar as expectativas dos clientes.

Abordagens Clássicas

Em primeiro lugar, você aprenderá sobre a abordagem clássica do marketing. Destacaremos as principais vertentes desse período.

No primeiro capítulo você aprendeu que o marketing evolui como consequência da evolução da administração empresarial, com as mudanças causadas pela Revolução Industrial. Também vimos que o marketing é muito mais do que vendas, propaganda e publicidade, porque essas são ferramentas para o marketing levar o produto ou serviço ao consumidor final, e que, na década de 1960, alguns viam o marketing como "salvador da sociedade", e outros, como o "vilão e corruptor da sociedade". Por fim, você também aprendeu que o marketing serve para planejar ações que, coordenadas, criam diferenciais competitivos à empresa.

É importante que você saiba que essa confusão entre marketing e vendas realmente existiu, e por isso, até os dias atuais, ainda há pessoas que confundem marketing com vendas.

Também é importante saber que, em determinada época, muitas pessoas confundiram o marketing com propaganda, e por esse motivo, até os dias atuais, ainda há aqueles que, quando questionados sobre o que é marketing, respondem: marketing é propaganda.

Como você verá neste capítulo, as empresas, de acordo com as orientações pensadas na abordagem clássica do marketing, terão um tipo de orientação — mas são poucas as empresas que até hoje são **orientadas ao marketing,** e ainda **muito menor** é o número de empresas que têm a **orientação do marketing societal**.

Analisar a abordagem clássica do marketing é contextualizar a Teoria do Marketing em conexão com a evolução da própria administração quanto à sua orientação para o mercado consumidor.

Abordagem Clássica do Marketing

É importante mencionar novamente que, ao se analisar a abordagem clássica do marketing, é fundamental identificar a própria evolução das empresas quanto à sua orientação para o mercado. Kotler e Keller (2006, p. 26) mencionam que são cinco fases (que eles denominam ERA), que detalho a seguir, para melhor compreensão:

❏ *A era da produção*: nesta fase prevalece a orientação que é direcionada à *produção*. Se fizermos uma comparação com a própria história da Teoria da Administração, nesta fase — pós-Revolução Industrial até o final da Primeira Guerra Mundial —, a principal preocupação das empresas é com a produção e com suas finanças, ou seja, produzir para suprir a demanda, e ter acesso a recursos para a compra da matéria-prima. A empresa não se preocupava com o cliente. A meta era produzir mais a menores custos. A ideia era a de que os consumidores preferiam produtos fáceis de adquirir e de baixo custo (KOTLER; KELLER, 2006, p. 13). A recessão de 1929 fez com que tal paradigma fosse alterado, porque era preciso pensar em estratégias e desenvolver técnicas de vendas para terminar com grandes estoques e produtos **encalhados**.

❑ *A era do produto*: nesta fase prevalece a orientação direcionada ao **produto**. Os consumidores preferiam produtos que ofereçam qualidade e desempenho superiores ou com características que fossem inovadoras. As empresas se esforçavam para desenvolver produtos que se diferenciavam por sua qualidade e que pudessem ser aperfeiçoados com o tempo. Com essa mudança de paradigma, as empresas pensaram que os consumidores dariam preferência a produtos bem feitos, com elevados padrões de qualidade e desempenho. Entretanto, não consultaram os consumidores, porque, para os administradores, os departamentos de desenvolvimento e engenharia eram capazes de desenvolver produtos diferenciais. O grande esforço de venda e aceitação do produto ficava a cargo do departamento de vendas e marketing (KOTLER, 2000; KOTLER; KELLER, 2006);

❑ *A era das vendas*: nesta fase prevalece a orientação direcionada às **vendas**. Se nas fases anteriores a empresa se preocupava com a produção e, em seguida, com a qualidade do produto, o que acontece agora é uma demanda estagnada e o aumento da concorrência. Para dar conta dessa situação de vender seus produtos é que surge a ênfase em vender a qualquer custo, para abater os concorrentes. Ainda não se cogita satisfazer a necessidade do cliente. A ideia central é vender e faturar. O departamento comercial não consegue traçar metas que não sejam de curto e médio prazos, em razão da concorrência e do estímulo da demanda. O que se desenvolve, então, são complexas estruturas de vendas. O preço é visto como um diferencial e quesito de promoção. A distribuição começa a ser vista como chave fundamental para que o produto chegue à mão do consumidor. O paradigma vigente é o de que qualquer produto que seja bem **distribuído** e **anunciado,** será **vendido.** Nesta fase as abordagens agressivas de vendas fazem com que o consumidor adquira produtos que nem pensava em adquirir. Tais estratégias funcionam até que a empresa se dá conta de que as necessidades do CLIENTE devem ser priorizadas, e não as de seus vendedores (KOTLER, 2000; KOTLER; KELLER, 2006);

❑ *A era do marketing*: nesta fase prevalece a orientação para o **mercado** e para o *cliente*, ao lado do conceito de marketing em oposição ao conceito de vendas.

QUADRO 1: VENDAS *VERSUS* MARKETING

VENDAS	MARKETING
Ênfase nos produtos	Ênfase nas necessidades e desejos dos clientes reais e potenciais
A empresa fabrica o produto e pensa em como vendê-lo de maneira lucrativa	A empresa pesquisa o que o cliente (real ou potencial) necessita e/ou deseja e, em seguida, pensa na melhor forma de fabricar e vender com um lucro que permita satisfazer tais expectativas
Mentalidade voltada para a empresa	Mentalidade voltada para o mercado e seus clientes
A preocupação é em satisfazer as necessidades internas, principalmente de seus vendedores (depto. comercial)	A preocupação é em satisfazer as necessidades e desejos dos clientes (real e potencial)

FONTE: ADAPTAÇÃO DE KOTLER (2000); KOTLER (1980); KOTLER E KELLER (2006).

QUADRO 2: CONCEITUAÇÃO DE VENDAS *VERSUS* MARKETING

CONCEITO DE VENDAS	CONCEITO DE MARKETING
Ponto de partida: fábrica	Ponto de partida: mercado
Foco: produtos existentes	Foco: necessidades e desejos dos clientes
Meios: venda e promoção	Meios: marketing integrado
Fins: lucros com o volume de vendas	Fins: lucros com a satisfação das necessidades e desejos dos clientes (real e potencial)

FONTE: ADAPTAÇÃO DE KOTLER (2000); KOTLER (1980); KOTLER E KELLER (2006).

Analisando os quadros 1 e 2, fica claro que a empresa já não deve produzir e vender aquilo que sabe fazer ou aprendeu a fazer, mas identificar primeiramente as necessidades, expectativas e desejos dos consumidores potenciais (prospects).

Também se inverte a perspectiva da produção. Primeiro a empresa realiza pesquisas de mercado para conhecer essas necessidades, expectativas e desejos, e só depois inicia o processo de desenvolvimento de novos produtos. Agora a empresa passa a disponibilizar bens ou serviços **solicitados** e/ou **desejados** por seu consumidor potencial.

Outra mudança que ocorre nesta fase é a divisão do mercado em segmentos. O ideal é que a empresa concentre seus esforços em determinados segmentos (target — público-alvo ou mercado-alvo). Dividindo em segmentos, há maior probabilidade de se conhecer e entender o público que se quer alcançar.

Também é nesta fase que os Sistemas de Informações e os avanços tecnológicos permitem a criação de ferramentas parceiras do marketing, como o Gerenciamento do Relacionamento com o Cliente, ou CRM (Customer Relashionship Management) (KOTLER, 2000; KOTLER; KELLER, 2006);

A orientação para o marketing enfatiza a importância de desenvolver e comercializar produtos e serviços com base nas necessidades e desejos dos clientes.

❑ *A era do marketing societal*: esta fase começa no final do século XX e prevê orientação para o bem-estar social não só do consumidor, mas da sociedade. Esse novo paradigma define que, em tempos de escassez de recursos naturais, deterioração do meio ambiente, desigualdade social e econômica e explosão demográfica, a empresa deve contribuir para preservar ou melhorar o bem-estar social do consumidor e da sociedade, sem deixar de satisfazer os desejos e necessidades de seus clientes reais e potenciais. Por isso é importante que os profissionais de marketing incorporem considerações sociais e éticas em suas práticas diárias, **equilibrando**: lucros para a empresa, satisfação de desejos e necessidades dos consumidores e o interesse público. Tal visão é mencionada no trabalho de Kotler e Keller (2006) como importante diferencial à empresa que queira sobreviver no século XXI.

Agora, como já foram expostos os tipos de orientações de empresas no processo de evolução do marketing, é importante salientar que os países e as empresas, ainda hoje em dia, encontram-se em momentos diferenciados de orientações empresariais, pensando-se principalmente nas últimas três fases (vendas, marketing e marketing societal): ainda encontramos empresas que se orientam para o produto, vendas e produção. Isso acontece porque as diferenças culturais, sociais e econômicas influenciam em tais orientações empresariais.

Assim como as orientações empresariais são influenciadas pelos macro e microambientes (que você estudará no Capítulo 3), o mesmo ocorre com o marketing. Na transição da fase de orientação de vendas para a fase de orientação de marketing, o que se notava era uma atenção em excesso ao produto — em como promovê-lo. Esse período é conhecido como abordagem clássica do marketing.

Segundo o autor Kotler (1980, p. 29), "O Marketing evoluiu de suas antigas origens de distribuição e vendas para uma filosofia abrangente de como relacionar dinamicamente qualquer organização ao seu mercado". E também afirma que, em muitos países, na década de 1980, as empresas de grande e pequeno porte começavam a compreender a diferença entre vendas e marketing e se organizavam para desenvolver a orientação para o marketing.

Nessa primeira fase do marketing, a teoria se estrutura tendo como base quatro pilares fundamentais:

❑ **Produto:** que seria "tudo aquilo capaz de satisfazer a um desejo" (KOTLER, 1980, p. 31). Para o autor, o sentimento de carência é o que desperta na pessoa o desejo de obter o produto, não somente pelo que ele apresenta, mas pelos benefícios/serviços que nele são agregados (ex.: a pessoa não compra batom somente pela embalagem, mas pela possibilidade de embelezar, de seduzir, entre outros).

❑ **Troca:** uma das quatro alternativas que o homem teria para obter um produto capaz de satisfazer uma necessidade específica. As outras três alternativas seriam: autoprodução (o homem produz aquilo de que precisa; coerção (o homem pode arrancar pela força aquilo de que precisa para satisfazer sua necessidade específica); súplica (o homem pode implorar por comida ou caridade para suprir sua necessidade específica). Na troca, o homem pode aproximar-se de alguém e oferecer algum recurso próprio para aquisição de algo que precisa para satisfazer suas necessidades específicas (KOTLER, 1980, p. 32). O autor deixa bem claro que o marketing trabalha com as trocas, que, para acontecer de forma plena, precisam contemplar quatro fases: precisam existir duas partes, cada uma das partes deve possuir algo que interessa à outra, mas, para que a troca aconteça, cada parte precisa ser capaz de comunicar o que tem e fazer a entrega da sua parte, e cada parte é livre para aceitar ou não a oferta e, consequentemente, efetuar a troca.

❑ **Mercado:** que seria "uma arena para trocas potenciais" (KOTLER, 1980, p. 33). Neste caso, vamos supor que determinado comerciante tem um ou mais produtos para a troca. Se houver pessoas que comprem o seu produto, então há mercado. O tamanho do mercado varia de acordo com o preço de seus produtos. Possivelmente, os produtos com preços baixos terão um mercado de consumidores maior, com interesse e possibilidades para adquiri-los. O que não acontecerá com os produtos mais caros, porque, por mais que haja pessoas interessadas em comprá-los, a quantidade será inferior ao dos produtos com preços baixos. O autor também classificava o mercado na época em oito tipos: mercado de sensação humana (pessoas dispostas a trocar dinheiro por sessões de ioga, meditação, entre outros); mercado de produto (seriam os bens tangíveis, ou seja, pessoas dispostas a trocar dinheiro por calçados); mercado demográfico (um exemplo seriam os jovens dispostos a trocar dinheiro por educação, diversão, equipamentos de som, entre outros); mercado geográfico (um exemplo seriam os consumidores de determinado país, cidade, região, estado que trocam seu dinheiro por bens e serviços diversos e característicos de sua região geográfica); mercado de eleitores e legislativo (mesmo sem a troca de dinheiro, há a troca por favores e votos); mercado popular (uma instituição, quando oferece um jantar em troca de publicidade ou prestígio); e mercado de doadores (quando uma instituição apresenta determinada ideia em troca de apoio financeiro). O interessante é notar que nos próximos capítulos você verá que esses conceitos mudaram muito desde a abordagem clássica até o final da primeira década do século XXI.

❑ *Marketing:* o conceito de mercado ajuda a compreender o conceito de marketing (ou conceitos já vistos no Capítulo 1), que seria "trabalhar com mercados" (KOTLER, 1980, p. 33). O ato de trabalhar com mercados implica na tentativa de realizar as trocas potenciais com o objetivo que apresentamos no Capítulo 1: satisfazer o desejo do consumidor. Na abordagem clássica do marketing, Kotler (1980, p. 34-35) também apresenta concepções de tarefas comuns à administração de marketing muito diferentes do que é proposto na abordagem contemporânea do marketing, que na época era: "a administração da demanda". Nessa forma de conceber a administração do marketing, tarefas básicas e comuns a esses profissionais eram conhecer o estado da demanda, para desenvolver uma tarefa de marketing necessária a cada situação.

QUADRO 3: A ADMINISTRAÇÃO DA DEMANDA

ESTADO DA DEMANDA	TAREFA DE MARKETING	DENOMINAÇÃO DE MARKETING
NEGATIVA Consumidores potenciais não gostam do produto ou serviço e poderiam chegar até a pagar um preço para evitá-lo.	**Corrigir a demanda** A repulsa dos vegetarianos por carne, de pessoas por voos aéreos, por viagens de trem, entre outros.	**Marketing de conversão** Desenvolver um plano que converta a demanda negativa em positiva e que chegue ao nível equivalente ao de oferta existente.
INEXISTENTE Os consumidores potenciais estão desinteressados ou indiferentes à oferta.	**Criar a demanda** Objetos conhecidos cujo valor é nulo, objetos conhecidos com algum valor percebido, mas sem despertar grandes interesses, e os objetos desconhecidos que são inovadores e não o são por falta de conhecimento da população.	**Marketing de estímulo** Desenvolver um plano para chegar à demanda positiva é um desafio que pode ser enfrentado de três formas: a) tentar relacionar o produto a alguma necessidade existente; b) modificar o ambiente para que a oferta ofereça valor; e c) distribuir informações ou o produto em outros mercados, outros ambientes, com a finalidade de que o conheçam e saibam para que serve e existe.
LATENTE Número significativo de pessoas necessita de um produto ou serviço inexistente.	**Desenvolver a demanda** Oportunidade para o profissional de marketing desenvolver o produto ou serviço caso saiba escutar e entender as demandas do mercado.	**Marketing de desenvolvimento** Converter a demanda latente em demanda real.
DECLINANTE É o momento em que a demanda começa a passar por quedas frequentes caso não haja ações corretivas de marketing.	**Revitalizar a demanda** É a busca por novas propostas para relacionar o produto ou serviço ao mercado-alvo ou potencial.	**Marketing de revitalização** Trabalha o conceito de que se pode começar a trabalhar e desenvolver um novo ciclo de vida para o produto ou serviço mesmo na fase de declínio.

ESTADO DA DEMANDA	TAREFA DE MARKETING	DENOMINAÇÃO DE MARKETING
IRREGULAR É o momento em que a tendência normal da demanda é caracterizada por flutuações sazonais, que fogem ao controle do planejamento da oferta.	**Sincronizar a demanda** As providências que cabem são para que se altere o padrão de demanda, trabalhando com a oscilação ou sazonalidade como oportunidade de novos negócios.	**Marketing de sincronização** Fazer com que a irregularidade ou oscilação da demanda seja mais bem sincronizada.
PLENA É a situação desejável a qualquer empresa ou vendedor porque o nível e o tempo atual da demanda são equivalentes ao desejado.	**Manter a demanda** Estar atento ao mercado consumidor para detectar possíveis mudanças, aos concorrentes diretos e indiretos, revendo os detalhes táticos frequentemente.	**Marketing de manutenção** A tarefa é a manutenção da eficiência, da eterna vigilância, e evitar forças que possam causar a erosão da demanda.
EXCESSIVA A demanda ultrapassa o nível previsto pelo departamento de marketing para a oferta do produto ou serviço.	**Reduzir a demanda** É no marketing inverso. Táticas são o aumento do preço, queda da qualidade ou propaganda que eleve a qualidade do outro.	**Marketing de redução** Trata de desestimular os clientes da compra tanto temporariamente como permanentemente.
INDESEJADA A demanda é considerada excessiva devido a qualidades negativas associadas à oferta.	**Destruir a demanda** Pode ser um produto que a empresa queira tirar do mercado, ou de um competidor considerado socialmente prejudicial ou indesejável.	**Marketing de eliminação** Também chamado de marketing de não venda. É uma tentativa de tachar o produto como intrinsecamente indesejável ou prejudicial.

Fonte: Adaptação de Kotler, 1980, p. 35-38.

É interessante analisar, na abordagem clássica do marketing, que as necessidades são vistas primordialmente como a comida, a água, o ar, a moradia e os desejos por recreação, educação, entretenimento, beleza, status, entre outros.

Em 1980, o autor Philip Kotler, em seu livro **Marketing** (edição compacta), alertava que "Hoje o marketing **não** deve ser entendido no **velho sentido de efetuar uma venda**, mas no de satisfazer as necessidades dos clientes [grifos nossos]" (p. 41).

Mas a abordagem do marketing evoluiu de acordo com a mudança do mercado, dos consumidores, com a evolução das tecnologias da informação e da comunicação, para poder acompanhar as demandas.

Veremos no Capítulo 3, depois de termos estudado ambas as abordagens, as seguintes mudanças, conforme Kotler e Keller (2006, p. 25-26): o departamento de marketing era o responsável pelo marketing da empresa, porque era um marketing focado em produtos, com gerentes de produtos, muito focado no desenvolvimento de soluções a partir de seu próprio ponto de vista como conhecedor máximo do mercado.

Por esse motivo, a empresa se preocupava mais com a construção da marca, utilizando-se de técnicas publicitárias para vender para todos, e não com o atendimento aos mercados-alvo.

Como a intenção era vender para todos, o foco era direcionado ao resultado financeiro, em maior participação de mercado (market share). Nesse tipo de empresa, as estratégias eram as que permitiam ascensão no mercado estrangeiro, atraindo novos clientes, tanto por meio da aparência de suas lojas como pelo treinamento de seus vendedores.

Era um modelo de empresa com muitos fornecedores. Nunca se comprava 100% de um único fornecedor, por isso a preocupação com estoques era frequente. A orientação para vendas era necessária, porque a sobrevivência da empresa dependia do giro da mercadoria.

Abordagens Contemporâneas

No item anterior, vimos o passado do marketing e suas origens. Agora você estudará sobre o presente e o futuro do marketing, pois as empresas (sejam elas de micro, pequeno ou grande porte) precisam redefinir periodicamente sua forma de pensar e agir.

Você já aprendeu também que às vezes as empresas ficam presas a orientações de empresas que não respondem mais às expectativas dos consumidores, sem a presença de perspectivas atuais, e tampouco futuras, de atuação e mudanças. Essas empresas, muitas vezes, têm medo do novo ou o desconhecem por completo. O medo, em muitas dessas ocasiões, vincula-se à sensação de que se perderá o que foi conquistado, e, dessa forma, preferem fazer o que sempre fizeram, em vez de inovar.

Um gestor de marketing, no século XXI, precisa pensar e agir de acordo com as mudanças vigentes. É ele quem alertará a diretoria ou gerência geral sobre a necessidade e obrigação que a empresa tem, bem como seus gestores, de não ter medo de inovar, caso tenham a pretensão de continuar e prosperar no mercado.

As abordagens contemporâneas do marketing permitirão a você refletir sobre aquilo que é próprio do nosso tempo. As abordagens atuais do marketing não direcionam mais os seus holofotes para o produto ou para o consumidor: agora o foco é no ser humano.

Portanto, estudar as novas abordagens do marketing é essencial para que você seja um profissional atualizado. E, mais do que estudar, é fundamental que tenha a oportunidade de aplicar essas teorias para avaliar seus resultados e impactos.

O que há de comum entre as três abordagens é que o modelo de marketing que se foca apenas no resultado final do produto ou serviço, ou ainda aquele modelo direcionado aos consumidores (cujas abordagens de marketing também eram segmentadas: marketing esportivo, marketing político, marketing pessoal, marketing social, entre outros), está ultrapassado, apesar de ainda ser aplicado e vivenciado em muitas empresas. Os riscos de que a empresa deixe de atender aos desejos e necessidades daquela pessoa (que é também uma consumidora de seus produtos ou serviços) é muito grande, pois ela anseia por um atendimento diferenciado que as teorias de enfoque no produto ou consumidor não dão conta de oferecer.

Na continuação deste capítulo apresentarei três abordagens do marketing contemporâneo: a do Marketing 3.0 (dos autores Kotler, Kartajaya e Setiawan); a do Marketing para Seres Humanos (MSH) (dos autores Moreno e Oppenheimer); e a do Marketing Holístico (dos autores Kotler e Keller).

Antes de iniciar a leitura dos fundamentos, escreva em uma folha de papel separada o que você, consumidor e ser humano, espera do atendimento de uma empresa. Ao final do capítulo você precisará dessa resposta para comparar com o conteúdo estudado e ver se essas novas abordagens atenderiam a suas expectativas.

Marketing Holístico

Sobre a orientação holística do marketing, é importante primeiro aclarar que o **Dicionário Aurélio** traz para a palavra holístico o seguinte significado: aquilo "que dá preferência ao todo ou a um sistema completo, e não à análise, à separação das respectivas partes componentes".

Ou seja, o desafio dos gestores de marketing nos dias atuais é integrar as partes, só assim conseguirão compreender como estas poderão relacionar-se entre si, porque, ao harmonizar as partes e pensar no todo (a empresa, a sociedade, o meio ambiente), conseguirão entender o global e atuar no local.

Para Kotler e Keller (2006, p. 15):

> O marketing holístico pode ser visto como o desenvolvimento, o projeto e a implementação de programas, processos e atividades de marketing, com o reconhecimento da amplitude e das interdependências de seus efeitos. Ele reconhece que no marketing "tudo é importante" — o consumidor, os funcionários, outras empresas e a concorrência, assim como a sociedade como um todo — e que muitas vezes se faz necessária uma perspectiva abrangente e integrada.

Mostrarei a seguir as quatro dimensões do marketing holístico apresentadas por Kotler e Keller (2006): Interno, Integrado, de Relacionamento e Socialmente Responsável. É importante que, ao ler sobre as dimensões do marketing holístico, com a finalidade de facilitar a compreensão e assimilação dos conceitos, você entenda que nesta abordagem se reconhece que "tudo é importante", por isso a necessidade de que o desenvolvimento, o projeto e a implementação de programas, processos ou outras atividades de marketing demandem uma perspectiva integrada e muito abrangente de conexões, pois todas as ações executadas causam interdependência de seus efeitos, já que as decisões de determinadas áreas precisam ser coerentes com as dos demais setores e agentes.

Marketing Interno

Você já ouviu falar em stakeholders? Essa é uma palavra usada para se fazer referência aos principais públicos que são tidos como estratégicos para uma empresa. Os colaboradores deveriam ser considerados como os principais stakeholders.

Os autores Kotler e Keller (2006) dividem o marketing interno em dois níveis: a) aqueles colaboradores que atuam nas várias funções da área de marketing; e b) os demais departamentos ou setores da empresa.

Os colaboradores que atuam nas várias funções da área de marketing precisam desenvolver suas tarefas em conjunto. O que dificulta essa meta são os conflitos existentes entre o setor de vendas e de marketing, mas não há coerência ao se oferecer um serviço ou produto ao público externo antes que o público interno esteja pronto para fornecê-lo (KOTLER; KELLER, 2006).

Já com os demais departamentos ou setores da empresa, é preciso que estes pensem como os clientes, por isso o marketing precisa **deixar de ser um setor** para ser uma *filosofia* da empresa, uma orientação que precisa estar difundida em todos os setores da empresa (KOTLER; KELLER, 2006).

A tarefa do gestor de marketing deve ser também a de "contratar, treinar e motivar funcionários capazes que queiram atender bem aos clientes" da empresa (KOTLER; KELLER, 2006, p. 18). O público interno é de extrema importância para as organizações, pois representa o fator humano e aqueles que representarão a empresa no ambiente externo.

O marketing interno trabalhará com o endomarketing, que trabalha alinhado com o setor de Gestão de Pessoas da empresa em busca da plena satisfação de seus colaboradores, retenção dos talentos e gestão do conhecimento. Afinal, quem poderia representar a empresa com orgulho e satisfação melhor do que seus próprios colaboradores?

O setor de marketing precisa cativá-los, porque eles precisam ser os primeiros clientes, pois conhecem o produto. Ao divulgar tal produto para seus conhecidos, realizam a mais efetiva forma de propaganda, que é a do boca a boca. Se eles forem fiéis à marca da empresa em que trabalham, esta, por meio deles, estará satisfazendo suas necessidades, anseios e expectativas, e os colaboradores participarão do processo de construção da marca e do produto ou serviço.

Por esse motivo, um profissional de marketing precisa entender que o marketing está **em toda parte**, a todo momento, só assim conseguirá atender à demanda e gerar satisfação, que precisa começar **dentro da empresa**. O endomarketing é o elo entre cliente, produto e colaborador e surge como uma necessidade inevitável, uma estratégia vital para a competição.

Somente uma competição sadia poderá levar a empresa ao estágio da "coopetição", em que todos os envolvidos cooperam e competem, sem agredir à outra empresa, respeitando seus espaços de negócios, uma realidade que já é palpável e real entre as empresas que atuam na área de informática e dados, como a Google, que opera em parceria com seus concorrentes, estabelecendo limites de negócios em que ambos ganham com a excelência do serviço prestado.

Marketing Integrado

Para os autores Kotler e Keller (2006), o profissional de marketing tem como tarefa delinear as atividades e montar programas ou projetos em que os 4 Ps (Mix de Marketing ou Composto de Marketing, que vamos estudar no Capítulo 4 e que são produto, preço, praça e promoção) estejam integrados, só assim conseguirá relacionar as áreas da tecnologia e da comunicação, a fim de criar, comunicar e entregar valor para seus consumidores.

O Composto de Marketing permitirá ao gestor de marketing diferenciar os produtos ou serviços da empresa, traçando ações que são estratégicas. Nesse nível não há uma fórmula mágica ou uma receita de bolo a ser seguida.

Os alunos se decepcionam quando comento com eles em sala de aula que não há fórmulas ou conteúdos prontos no marketing, que a diferenciação é resultado de pesquisas, de estratégias e do feeling do setor de marketing e demais públicos (internos ou externos).

A tecnologia auxilia, mas não dá as respostas prontas. Ela ajuda a aproximar e conhecer melhor o cliente. Muitas vezes, já não são mais as empresas que ditam as regras. Essa etapa de decisão passou para a mão do cliente. Relembrando o que estudamos no Capítulo 1 e neste, as empresas que querem ser orientadas para o marketing precisam ouvir o cliente, respeitar sua participação no processo de concepção de produtos ou serviços, estreitando, assim, seu relacionamento e criando produtos com os quais os clientes se identificam.

Marketing de Relacionamento

Atualmente, a concorrência é acirrada entre as empresas; a busca por diferenciação envolve a diversidade de oferta de produtos, para que o consumidor tenha à disposição um leque maior de opções e escolhas. Mas não podemos nos esquecer de que, com os avanços na legislação de direitos do consumidor, esse cliente também está cada vez mais exigente. Nesse cenário, como fazer para se diferenciar e fidelizar o cliente? Esta é apenas um das grandes perguntas às quais os gestores de marketing procuram responder diariamente.

Os sistemas de informação e a pesquisa na área de marketing é essencial para conhecer os hábitos de consumo do cliente, seu comportamento de compra, sua localização geográfica, seu nível de satisfação com o produto ou serviço, o motivo pelo qual escolhe determinada marca, entre outros.

A mensuração de dados precisa se converter, novamente, em uma prática cotidiana nas empresas. Nas décadas de 1980 e 1990, ainda não havia tantas ferramentas analíticas como se tem atualmente, e a pesquisa de marketing envolvia incertezas e os riscos do trabalho em campo do pesquisador. Hoje em dia, com as ferramentas analíticas presentes na internet, a mensuração de dados é facilitada. Mesmo assim, ainda é comum encontrar gerentes de marketing que não têm um livro sequer na mesa de trabalho, tampouco um e-book para consulta, pois tomam decisões importantes com base no senso comum, o que aumenta o índice de erro.

Errar é aprendizado quando se tomam decisões com base em dados e informações transformadas em conhecimento, mas que por algum motivo não atenderam às expectativas do público em potencial, mas errar por tomada de decisão baseada no senso comum, negligenciando informações disponíveis, pode levar a empresa à falência.

O grande desafio do milênio é criar parcerias e relacionamentos duradouros e de longo prazo. É mais do que se preocupar com o Gerenciamento do Relacionamento com o Cliente (CRM), é também conquistar relacionamentos com os parceiros: clientes, funcionários, parceiros de marketing, acionistas e membros da comunidade financeira (KOTLER; KELLER, 2006). Com essas ações será possível alcançar o que os autores chamam de **Rede de Marketing**, que são aqueles que apoiam a empresa a partir dos relacionamentos **mutuamente compensadores** que esta construiu, e o lucro passa a ser uma consequência e resultado da capacidade que a empresa teve de entender as capacidades e os recursos que os diferentes parceiros tinham, as necessidades, as metas e os desejos. Não é uma tarefa simples, mas vale a pena ser executada, pois é um ativo insubstituível.

Segundo Kotler e Keller (2006, p. 16), "o marketing de relacionamento envolve cultivar o tipo certo de relacionamento com o grupo certo", estendendo tal complexidade aos demais grupos. Os autores ainda citam que o marketing um-para-um demanda investimento e pode superar os benefícios, e o indicam para empresas que trabalham com grande quantidade de ofertas de produtos. Mas já conheci empresas de pequeno porte que trabalhavam perfeitamente bem com o marketing de relacionamento um-para-um, pois era uma empresa pequena, que conhecia todos os clientes e mantinha com eles uma proximidade e cordialidade que eram retribuídas. O CRM e o marketing de relacionamento tentam criar um relacionamento com o cliente a partir de desenvolvimento de bases de dados, que, atualmente, são desafiadas a transformar dados quantitativos em qualitativos. É a realidade da pequena e microempresa, em que o empresário conhece TODOS os seus clientes, principalmente quando atua no mercado há vários anos, como é o caso das empresas que atuam no bairro e conhecem seus clientes e os descendentes destes.

Portanto, relacionamento com o cliente é algo possível de se criar, sim! Principalmente na empresa de pequeno porte. O problema é que muitos livros de marketing trazem as "receitas" de empresas de grande porte, com sede em outros países, que são importantes casos de uso, mas que não atendem às demandas das empresas locais e nacionais.

Marketing Socialmente Responsável

Como vimos no Capítulo 1, no século XX, e ainda neste século, o marketing carrega o estigma de vender produtos ou serviços de que as pessoas não precisam, de persuadir a pessoa a comprar por atributos intangíveis, muitas vezes incompatíveis e que não estão ligados a uma possibilidade de felicidade, sedução, entre outros. Em outras palavras, o marketing colabora com a necessidade de ter para ser. E ainda é considerado responsável pela degradação do meio ambiente.

Infelizmente, os consumidores não estão errados. Mas o culpado não é o marketing, e, sim, as pessoas (gestores, diretores, executivos, entre outros) que usufruem de teorias para persuadir e degradar o meio ambiente. O marketing não é uma pessoa, são apenas teorias, e nenhuma delas traz no conceito que a tarefa de marketing é acabar com a vida do planeta e persuadir as pessoas a comprarem algo de que não necessitam.

Atualmente, a empresa que queira criar uma marca forte e com imagem positiva no mercado precisa de uma comunicação que se preocupe com questões mais abrangentes, dentro do contexto ético, ambiental, legal e social, pois as ações trazem causas e efeitos que vão muito além do ambiente empresarial e alcançam a sociedade como um todo.

Com o avanço da comunicação, do alcance da informação, um fato indesejado viraliza na rede global de comunicação em questão de minutos, com visualização, e debates de milhões de pessoas.

Os autores Kotler e Keller (2006) sugerem que a empresa busque alcançar uma presença de marketing humanista, ecológica, socialmente responsável, que, diferentemente daquela criada por muitas empresas na década de 1990, e ainda nos dias atuais, não use apenas conceitos de propaganda verde na tentativa de diferenciar a marca e construir uma imagem positiva, com ações superficiais, como se os clientes não fossem se dar conta de que as mensagens de responsabilidade social, sustentabilidade, questões éticas e ambientais, tão importantes neste nosso tempo, são apenas vitrines para se vender mais e divulgar a marca, vinculando-a à causas "nobres".

Como você estudou na primeira parte deste capítulo, o marketing societal surge no final do século XX e tem como principal objetivo pensar no bem-estar social — não apenas nos clientes, mas na sociedade. O que se busca é cuidar dos recursos naturais, desacelerando o processo de deterioração do meio ambiente. Outras tentativas são a de combater a desigualdade social e econômica e a explosão demográfica.

Resumindo: a empresa que aplica o marketing societal deve contribuir para preservar ou melhorar o bem-estar social do consumidor e da sociedade sem deixar de satisfazer os desejos e necessidades de seus clientes reais e potenciais. Por isso é tão importante que os profissionais de processos gerenciais incorporem considerações sociais e éticas em suas práticas diárias, equilibrando lucros para a empresa, satisfação de desejos e necessidades dos consumidores e de questões sociais de interesse público. Essa visão é mencionada no trabalho de Kotler e Keller (2006) como importante diferencial à empresa que queira sobreviver no século XXI.

Marketing 3.0

Esta abordagem foi apresentada pelos autores Kotler, Kartajaya e Setiawan, no livro **Marketing 3.0**, que foi publicado no Brasil em 2010. Por que marketing 3.0?

De acordo com os autores, o marketing 1.0 equivalia à era do marketing centrado no produto, ou seja, atentando-se aos aspectos inerentes ao produto se agradaria ao consumidor. O marketing 2.0 foi aquele praticado na era do consumidor, com apoio da informação, naquele ambiente em que entender o consumidor era necessário para agradá-lo e atendê-lo.

Na era do marketing 3.0 o foco é a pessoa humana, o ser humano completo e complexo, cujas necessidades e esperanças não podem ser negligenciadas.

Apresentarei agora a transformação que há entre a proposta de Kotler e Keller (2006) do marketing holístico para o marketing 3.0, escrito também por Kotler em parceria com Kartajaya e Setiawan (2010).

Era da Participação e do Marketing Colaborativo

Enquanto o objetivo na era do marketing 1.0 era vender, na do marketing 2.0 era satisfazer e reter os consumidores, e o do marketing 3.0 é fazer do mundo um lugar melhor.

Neste novo contexto, as empresas devem ver o cliente como um ser humano pleno, com coração, mente e espírito. O conceito máximo do marketing deve ser a busca por valores; a busca pela realização da missão, visão e valores da empresa, com uma proposição de valor que seja funcional, emocional e espiritual, buscando uma interação com os consumidores que alcance a colaboração um-para-muitos.

Nesse contexto, as mídias sociais são expressivas e colaborativas, de baixo custo, com possibilidade de capilaridade de informação e envolvimento de clientes em causas sociais em benefício de todos.

Era do Paradoxo da Globalização e do Marketing Cultural

Em 2008, a American Marketing Association cunhou um novo conceito de marketing: "é a atividade, conjunto de instituições e processos para criar, comunicar, oferecer e trocar ofertas que tenham valor para consumidores, clientes, parceiros e para a sociedade como um todo" (AMCHAM, 2008 apud KOTLER, KARTAJAYA; SETIAWAN, 2010).

Pelo fato de se ter incluído a palavra "sociedade", a associação já reconhece que as ações de marketing têm impacto de grande escala, indo muito além das negociações entre empresas e consumidores.

A globalização avança com o apoio das novas tecnologias. Também traz consigo as implicações culturais, pois esta é uma questão macroambiental (como veremos no Capítulo 3) e não pode ser negligenciada pela empresa. O desafio passa a ser: como atuar no nível global, respeitando e conhecendo o local? O ambiente cultural passa a atuar e interferir nas ações de marketing e nos negócios da empresa.

Era da Sociedade Criativa e do Marketing do Espírito Humano

Nesta abordagem, o que influencia é a ascensão da sociedade criativa. Aqui há muitos artistas colaborando com a nova identidade das empresas, que deixam de ser tão cartesianas para entender melhor conceitos como os de coopetição, colaboração, cocriação e coworking. Aqui é fundamental a incorporação de valores e novas culturas.

As pessoas estão em busca da autorrealização, que é muito diferente de ser bem-sucedido, indo além dos objetivos materiais e superficiais pregados por muitas empresas, principalmente multinacionais, que, ao atuar no país estrangeiro, não respeitam a legislação trabalhista vigente, tampouco se envolvem para conhecer e respeitar a cultura do país em que negociam.

Atualmente, os colaboradores, para se sentirem realmente colaboradores (o que é mais do que empregado e funcionário), precisam entender quem eles são e o motivo de abraçar a causa da empresa em que atuam. Também é função da empresa ajudá-los a saber o que querem ser. O lucro passa a ser o resultado da valorização e contribuição das empresas para o bem-estar do ser humano.

Marketing 3.0: Colaborativo, Cultural e Espiritual

Na era do marketing 3.0, as práticas de marketing passam a ser influenciadas pelas mudanças constantes no comportamento e nas atitudes dos consumidores.

O futuro do marketing se centrará na gestão de produtos, num processo de cocriação (o princípio de cocriação envolve desenvolvimento e melhoria de produtos e serviços, contando com a participação de muitos atores internos e externos); na gestão do cliente baseada na comunicação (conecta e impele, está ligado ao conceito de tribalismo, ou seja, os consumidores querem estar conectados com outros consumidores, e não com as empresas), e na gestão da marca que enfoque no desenvolvimento da personalidade desta (desenvolvimento de um DNA autêntico, núcleo da verdadeira diferenciação).

É preciso empoderar o consumidor. É preciso investir na horizontalização do contato com o consumidor. É preciso valorizar o coletivo. É chegado o momento de o gerente de marketing ir até o setor do Serviço de Atendimento ao Cliente (SAC), sentar e escutar as reclamações dos clientes e dar retorno. Não há nada mais valioso para se fidelizar o cliente do que as informações do setor do SAC da empresa.

É necessário que a empresa pratique o que mostra por meio de suas propagandas. É preciso praticar o que se prega. É preciso romper com a filantropia e passar à participação ativa, para alcançar ações transformadoras. É preciso que a renda seja redistribuída para o alívio da pobreza. As funções operacionais precisam ser mais bem remuneradas para diminuir a diferença entre os salários dos operacionais, táticos e estrategistas. Dessa forma, cada um será o que é por vocação e desenvolverá plenamente a sua função. Muitos alunos me perguntam se o Marketing 3.0 é utópico. O que você acha?

Marketing para Seres Humanos (MSH)

A proposta Marketing para Seres Humanos (MSH) foi apresentada pelos autores Marià Moreno e Mauricio Oppenheimer no ano de 2007. O livro, que leva o mesmo nome, **Marketing para Seres Humanos**: una esperanza ética, foi impresso na Espanha.

O livro demorou três anos para ser escrito, e a proposta é fruto da prática e experiência de quem trabalhou na área por mais de 20 anos. Os autores explicitam que o livro traz uma proposta ambiciosa e é direcionado aos tomadores de decisão e ao público em geral que queira colaborar e colocar em prática a proposta que apresentam.

Uma das frases impactantes dos autores é: "se puede engañar a alguien todo el tiempo, se puede engañar a todo el mundo una vez, pero no se puede engañar a todo el mundo, todo el tiempo" (MORENO; OPPENHEIMER, 2007, p. xiii). Ou seja, a empresa pode enganar alguém o tempo todo, pode ainda enganar todo o mundo uma vez, mas pensar que é possível enganar todo o mundo todo o tempo é ilusão; mais dia menos dia o feitiço vira contra o feiticeiro, como diz o ditado popular.

Dentro da matriz que apresentam, os autores questionam se personalizar é o mesmo que humanizar; se ouvir é escutar; se servir é acompanhar; pois, ao atender uma pessoa, há que levar em consideração que ela tem seus valores e crenças. Os compradores e os vendedores são pessoas, cada um com seus valores e crenças.

O que vem a ser o MSH? É um processo que busca alcançar acordos humanos orientados pelo desejo de compartilhar um espaço comum a longo prazo, construindo com essas bases uma COMUNIDADE cujo eixo vertebral é a empresa. A definição é a de que a MSH é a expressão econômica de liberdade das pessoas.

Você deve estar se perguntando: expressão econômica interconectada a marketing e liberdade, como assim? Exemplificarei melhor detalhando os conceitos, porque, como os autores explicitaram, a proposta é ambiciosa, mesmo!

As pessoas querem se ver participando de acordos humanos. Por outro lado, tanto quem compra como aquele que vende são pessoas, são humanos, que almejam a liberdade. Por isso, é importante criar espaços onde a pessoa possa liberar seu(s) potencial(is).

Esses são princípios que levam à humanização das relações, à comunicação que atenda a princípios de transparência, para respeitar que as pessoas têm valores e desejam colocá-los em ação. As pessoas querem consumir, mas não a qualquer preço. Ninguém deveria mudar seus valores em função de sua posição no intercâmbio de produtos e serviços. Por isso é importante respeitar o processo de aprendizagem e os interesses do coletivo.

2.3. ATIVIDADE DE AUTOAVALIAÇÃO

Agora você recuperará a observação que foi proposta no item **Introdução** deste capítulo e quantificará essas informações (lembre-se de que uma empresa pode ter mais de uma orientação) — tenha estas anotações, porque serão recuperadas ainda neste capítulo.

1. Segundo sua análise, como é a orientação dessas empresas observadas (sem citar nomes):

    a) Quantas dessas empresas têm orientação para a produção?
    b) Quantas dessas empresas têm orientação para o produto?
    c) Quantas dessas empresas têm orientação para as vendas?
    d) Quantas dessas empresas têm orientação para o marketing?
    e) Quantas dessas empresas têm orientação para o marketing societal?

2. Caso você trabalhe (ou já tenha trabalhado), analise a sua empresa (se não trabalha, analise o caso da empresa em que trabalha alguém de sua família). Em qual(is) dessa(s) orientação(ões) essa empresa se encaixa?

3. Após essa quantificação e análise do próprio ambiente em que você está inserido, reflita sobre o porquê da reclamação dos clientes, o porquê da insatisfação. Estamos na era do cliente que quer e exige ser ouvido, entendido e atendido *como ele deseja*, e *não como ele espera*. Lembre-se **SEMPRE** desse perfil de consumidor.

4. Por que as empresas *usam orientações empresariais que não sejam a de marketing ou marketing societal*?

5. *Por que as empresas desenvolvem até peças publicitárias para mostrar um tipo de orientação que não desenvolvem como filosofia empresarial*?

6. Faça uma busca na internet e em livros especializados sobre os assuntos aqui apresentados. Em seguida, construa uma tabela com as principais características de cada abordagem. Tente inserir casos reais, marcas que conheça, e descreva como praticam essas abordagens contemporâneas de marketing.

7. As novas abordagens satisfazem suas necessidades e anseios como consumidores? Por quê?

Capítulo 3
AMBIENTES DE MARKETING

> **Objetivos do Capítulo:**
> - Conceituar o que é microambiente. Apresentar a importância da análise do microambiente no momento de se pensar em estratégias de marketing.
> - Ao final do capítulo você deverá ser capaz de associar as diferentes forças ambientais do marketing nas empresas.
>
> **Competências:**
> - Capacidade de articular a teoria e prática ao pensar ações microambientais viáveis.
> - Analisar situações do macroambiente de marketing e suas influências nas decisões de marketing.
>
> **Habilidades:**
> - Combinar teoria e prática no momento de propor ações estratégicas que envolvam variáveis de microambiente.
> - Pesquisar informações que permitam a compreensão do macroambiente de marketing e como estas forças afetam a capacidade da empresa atender seus clientes.

3.1. INTRODUÇÃO

Nos capítulos anteriores foi apresentado o alicerce no qual o marketing se fundamenta. A partir deste capítulo começaremos a praticar e a pensar estratégias. Ou seja, você terá o apoio da teoria para pensar a melhor alternativa para a resolução de problemas (que serão propostos a partir deste capítulo). Portanto, a leitura e o entendimento dos conceitos apresentados a seguir são essenciais para o desenvolvimento das atividades posteriores.

Neste capítulo você aprenderá a obter informações do microambiente, aquele que está próximo à sua empresa. Atualmente é muito comum observar a tomada de decisão de alguns profissionais sem o embasamento teórico e prático dos ambientes de marketing. Isso não quer dizer que a decisão seja equivocada, mas se houvesse um embasamento prévio nos conceitos — que você aprenderá neste capítulo —, a probabilidade de erros seria ainda menor.

Nas grandes empresas, muitas vezes, há um ritual que antecede importantes decisões corporativas. Essas são tomadas depois de a pesquisa de mercado ser realizada e da análise detalhada de dados secundários e primários sinalizar oportunidades, ameaças (macroambientais) ou pontos fracos e fortes (microambientais).

Mas essa não deve ser uma realidade somente para empresas de grande porte. As empresas de médio e pequeno porte também podem usufruir dessas estratégias para corrigir a trajetória empresarial, prevenir-se de incidentes e falhas mercadológicas e, ainda, tirar proveito de oportunidades que são dadas à sua área de negócios.

É importante que você resgate os conhecimentos sobre o processo de criação da matriz SWOT ou PFOA, porque esses conceitos são resgatados, brevemente, neste capítulo, com uma explanação sobre como utilizá-los na disciplina de marketing.

Vamos recordar esses conceitos antes de continuar com a leitura?

No **microambiente** se diz que as **variáveis são controláveis**, e no **macroambiente**, que as **variáveis são incontroláveis**.

No **microambiente** se traça uma **análise baseada em fatores internos**, e no **macroambiente**, uma **análise com base nos fatores externos**.

3.2. CONCEITOS

O Ambiente de Marketing: Variáveis Macro e Microambientais

Segundo Kotler e Armstrong (2000, p. 39),

> O ambiente de marketing de uma empresa consiste em atores e forças externas ao marketing que afetam a capacidade de administração de marketing de desenvolver e manter relacionamentos bem-sucedidos com seus clientes-alvo.

Já o *Dicionário Aurélio online* traz como significado para a palavra **ambiente**:

> adj. Que está à roda ou em volta de (pessoa ou coisa): ar ambiente. / S.m. O meio em que se vive; o ar que se respira. / Recinto. / Literatura. / Conjunto das particularidades de um meio social, natural ou histórico em que se situa a ação de uma narrativa (romance, conto, novela) (<http://www.dicionariodoaurelio.com/>).

É interessante analisar esses conceitos e perceber que, para você, futuro profissional da área de processos gerenciais, o processo de tomada de decisão será uma constante.

No marketing, quando o profissional precisa tomar decisões, ele deve primeiramente consultar o plano de marketing e avaliar o que foi traçado no item ambiente de marketing, para ver se isso já não está desatualizado.

Só depois poderá analisar os demais itens do plano de marketing para saber se a sua decisão é viável — analisando-o como um todo. É com base na análise de ambiente que ele está alerta aos agentes e forças que podem afetar ou abrir novos nichos de forma repentina.

O motivo dessa instabilidade é que vivemos em um mundo globalizado, economias abertas, mercados comuns, em um momento da história em que os fatos do outro lado do mundo afetam instantaneamente todo o planejamento estratégico, tático e operacional da empresa. Essa mudança pode ser tanto lenta quanto brusca e drástica, por isso é tão importante que o profissional de *marketing* acompanhe essas mudanças com atenção especial.

O ambiente de marketing é dividido em **duas** áreas estratégicas: **microambiente** e **macroambiente**.

Microambiente

Se o profissional de marketing está atento à análise do microambiente, ele saberá que sua tarefa vai além de atender à satisfação e necessidades do cliente, ele também precisa analisar constantemente as variáveis do microambiente.

Para Kotler e Armstrong (2000, p. 39) "o microambiente de marketing consiste em forças próximas à empresa que afetam sua capacidade de servir seus clientes — a própria empresa, os fornecedores, as empresas do canal de marketing, os mercados clientes, os **concorrentes** [grifo nosso] e os públicos".

O sucesso de seu planejamento inicial pode ser afetado pelo restante da empresa e por aqueles que estão próximos a ela e com os quais ela tem contato no desenvolvimento de suas atividades.

Resumindo: o profissional de marketing precisa rever a todo tempo o que levantou com respeito àquele ambiente que envolve a empresa. Pensemos que: a) a empresa é composta por pessoas; b) se encontra em determinada localidade; c) tem determinados fornecedores; d) vende a determinado mercado; e e) se encontra em determinada cidade. Na literatura da área de marketing, os autores chamam esse espaço próximo à empresa de **microambiente**.

Também alertam que o profissional deve ter como objetivo **conhecer** o ambiente em que a organização se encontra, mapeando os pontos fortes (fortalezas) ou pontos fracos (fraquezas) de acordo com as realidades detectadas (recordando a Matriz SWOT ou PFOA da disciplina de Teoria Geral da Administração).

É preciso estar atento a esse conjunto de particularidades do meio social que rodeia a empresa, uma vez que, independente de sua vontade, mudanças nessas variáveis influenciarão suas estratégias.

Os autores Kotler e Armstrong (1993; 2000; 1993) e Las Casas (2005) afirmam que as variáveis próximas à empresa são **MICROAMBIENTAIS** (empresa, fornecedores, intermediários, consumidores, concorrentes e públicos), e autores como Shimoyama e Zela (2002, p. 5) afirmam que essas variáveis são controláveis.

A análise a seguir — das variáveis microambientais — é baseada nos livros de Kotler e Armstrong (1993; 2000) e Las Casas (2005).

Empresa

Ao desenvolver o plano de marketing, o gerente desse setor leva em consideração os demais departamentos da empresa (ex: compras, produção, qualidade, finanças, contabilidade, logística, comercial, entre outros), porque, se não houver sintonia e apoio corporativo, o plano de marketing não será implantado conforme o planejamento inicial.

Na maioria das empresas, quem decide a visão, a missão, os objetivos, as políticas e o planejamento estratégico é o presidente, em conjunto com a diretoria ou conselho administrativo.

Em seguida, os gerentes de marketing, sabendo do que foi traçado como planejamento estratégico da empresa, planejarão as ações, táticas e operacionais do seu departamento para que objetivos maiores sejam alcançados em determinado período.

Também é importante citar que um plano de marketing precisará do apoio de outros departamentos para ser executado e avaliado. Por isso é tão importante que o gerente de marketing trabalhe em conjunto com outros setores. Por exemplo:

- É do departamento de finanças que vem o orçamento que será destinado à implementação das ações traçadas no plano de marketing.

- Já o setor de produção e desenvolvimento trabalhará em novas soluções ou diferenciais planejados para o ano corrente.

- É do esforço do departamento de compras que novos fornecedores são identificados, que os pedidos são adquiridos de acordo com especificação solicitada, entre outros.

- O departamento da produção tem a seu cargo a fabricação dos produtos em determinadas quantidades. Depende da produção o nível de qualidade e sua aprovação futura para consumo.

- O setor comercial é importantíssimo porque tem como meta que o produto alcance variados pontos de vendas, com atendimento diferenciado e ações pontuais de encontrar e alcançar novos mercados e clientes.

- O departamento de contabilidade atua na análise da receita e custos para que as metas de marketing sejam favoráveis à empresa.

- O setor de logística, atualmente, é essencial ao planejamento da cadeia de suprimentos, pensando a matéria-prima desde sua compra até a entrega do produto final ao consumidor, entre outros departamentos com funções específicas, mas todos direcionados a um objetivo em comum: o da organização empresarial.

Agora, imagine se esses departamentos não trabalhassem em sintonia! Essa ação teria um impacto direto nas ações pensadas pelo departamento, o que o impediria de alcançar as metas e os objetivos apresentados no plano de marketing.

Na empresa, é importante que cada setor saiba o que o conceito de marketing especifica: atender às necessidades e desejos do consumidor. Para que isso seja real, é preciso que cada setor reconheça que, sem uma comunicação eficaz e objetivos comuns, será impossível reter o cliente. Por esse motivo, na análise de microambiente você deve analisar quais são os pontos fortes (fortalezas) da empresa e os pontos fracos (fraquezas) — ao analisar a empresa como variável microambiental. **Mas não se esqueça:** esses dados precisam ser revistos periodicamente.

Possíveis estratégias empresariais para que os setores entendam a importância do plano de marketing e seu cumprimento: investir em ações de endomarketing, treinamentos, marketing de incentivos e ações pontuais de comunicação empresarial, tais como reuniões, portal corporativo, periódico, informativos, remuneração variável, entre outras.

Fornecedores

São essenciais a uma empresa. São eles que fornecem os materiais necessários utilizados na fabricação de bens ou serviços. A qualidade do material entregue, a pontualidade dessa entrega, a facilidade e a forma de pagamento é que permitirão à empresa pensar em supostas promoções, descontos ou lidar com a sazonalidade das vendas.

Os gerentes de marketing precisam acompanhar o processo de compras, o recebimento, bem como o nível de estoque e a qualidade dos materiais. Basta uma falha nesse processo e o departamento comercial enfrentará adversidades para atender aos contratos e pedidos fechados, ou seja, não conseguirá honrar os compromissos assumidos, o que trará prejuízos financeiros e a insatisfação do cliente.

Também é importante levar em consideração que o aumento do valor dos suprimentos pode forçar a empresa a elevar o preço do produto final, levando à queda na quantidade de vendas no período.

Possíveis estratégias para acompanhamento dos fornecedores incluem: contato com os fornecedores, feedbacks constantes, ações de incentivo, contratos com cláusulas claras e multa por atraso ou falhas nos materiais entregues, parcerias, redes de empresas, formação de clusters, exclusividade, entre outros.

Intermediários

Assim como os fornecedores, os intermediários são muito importantes no processo de entrega dos bens ou serviços ao consumidor final. São os intermediários que auxiliam a empresa no processo de promover, divulgar, vender e distribuir os bens ou serviços. No momento em que trabalham com o produto ou serviço da empresa, são imagem e referenciais de valor da empresa que intermediam.

São exemplos de intermediários:

- Os **revendedores**: ou representantes comerciais, porque ajudam a empresa a encontrar novos mercados, realizam apresentação dos produtos, podem ser varejistas ou atacadistas. Atualmente não é tão fácil encontrar pequenos revendedores ou representantes comerciais. O que se nota hoje é que são os revendedores que escolhem quais marcas querem representar. Dependendo de como é a estrutura de atendimento ou feedback do revendedor, bem como a preocupação dele em satisfazer os clientes, a imagem da empresa pode ser prejudicada. Nesse momento, o revendedor é a imagem da empresa que faz representar por intermédio de seus serviços.

- Os **distribuidores**: são os responsáveis por estocar e distribuir os produtos da origem ao destino final. A empresa em negociação e acompanhamento do distribuidor deve decidir a melhor maneira de armazenar e distribuir, levando em conta fatores como prazos e facilidades de entrega, os custos envolvidos no processo, a segurança do produto ou serviço e a rapidez ao atender aos pedidos e demandas da empresa que a contratou.

- As **agências de serviços de marketing** são as agências de publicidade, de pesquisa de marketing, de relações públicas e de consultoria que apoiam no momento de divulgar a imagem da empresa e seus produtos e/ou serviços, definindo perfis e procurando entender mudanças sutis ou bruscas junto ao público-alvo. Essas empresas precisam ser escolhidas com cautela, analisando fatores como qualidade, preço, prazos de entrega, criatividade, preocupação com cumprimento de prazos, formas de pagamento e capacitação para o serviço que oferecem.

- E os **intermediários financeiros** são os bancos, as seguradoras, as financeiras, entre outros tipos de estabelecimentos que auxiliam nas transações financeiras, facilitam o processo de aprovação de possíveis créditos e seguram as ações da empresa e seus produtos, livrando-a de inconvenientes.

Consumidores

Os consumidores devem ser acompanhados constantemente. A análise de seu modo de comprar (como, quando e por que compram) deve incentivar o profissional de marketing a analisar os hábitos e o comportamento de compra, e outros aspectos psicográficos de seu público-alvo. Os consumidores podem ser:

- **Industriais:** compram bens ou serviços para processamento posterior ou para auxiliar no processo de produção.

- **Revendedor:** compram bens ou serviços com a intenção e propósito de revendê-los.

- **Governamental:** compram bens ou serviços para oferecer serviços à população (serviços de utilidade pública) ou para distribuí-los ou direcioná-los a outras parcelas da população que deles necessitem.

- **Pessoa física:** são indivíduos ou famílias que compram bens ou serviços para uso pessoal ou da família.

- **Internacional:** compradores de bens ou serviços de outros países (podem ser industriais, revendedores, governamentais e pessoas físicas).

Conforme veremos no capítulo sobre comportamento do consumidor (Capítulo 8) e segmentação de mercado (Capítulo 9), os aspectos que envolvem os consumidores são essenciais para o sucesso da organização. Algumas empresas que veem o marketing como filosofia empresarial afirmam que todos os seus funcionários devem ver com os olhos dos consumidores, afinal, atender ao consumidor é a razão de existir da empresa.

Entender o consumidor *não* é uma tarefa fácil. É preciso altos investimentos (no caso de empresas de grande porte) em pesquisa de marketing, em desenvolvimento de novos produtos ou serviços, em propaganda, em ações de promoção de vendas, em um departamento comercial que entenda que as vendas são o resultado final da excelência de seu produto ou serviço (não o consumidor obrigado a comprar para ajudá-lo a alcançar sua meta), entre outros.

Concorrentes

A empresa deve se esforçar para oferecer bens e serviços que satisfaçam as necessidades e desejos de seus clientes em maior grau que os dos seus concorrentes. Ou seja, os pontos fracos dos concorrentes devem ser pontos fortes da sua empresa.

Portanto, os profissionais de marketing devem agir pensando em vantagens competitivas, esforçando-se para posicionar o produto ou serviço da empresa na mente do consumidor em melhor medida que os concorrentes.

Também é importante mencionar que não há estratégias de marketing que sirvam para todas as empresas, *não há fórmulas mágicas*. É preciso disciplina, criatividade, conhecimento do público-alvo, objetivos e metas muito bem definidas para conquistar novas fatias de mercado.

Tampouco adianta ser uma empresa de grande porte. Isso não garante sucesso. O que garante o *sucesso* na análise de microambiente é o planejamento das ações e as estratégias empresariais corretas.

Públicos

É importante apresentar que a variável público é qualquer grupo com interesse real ou potencial ou que até mesmo causa impacto na possibilidade de a empresa atingir seus objetivos. Apresentamos a seguir sete tipos de públicos:

- ❑ **Financeiro:** influencia a capacidade da empresa de obter fundos.
- ❑ **Mídia:** divulga notícias, novidades, opiniões editoriais e informações das mais variadas fontes que podem favorecer ou prejudicar a organização.

❏ **Governo:** a organização precisa considerar as ações públicas que delineiam o país em que a empresa se encontra instalada. Deve ser uma ação corriqueira da empresa consultar advogados para se assegurar sobre questões de segurança, direito e internet, viabilidade da propaganda, entre outros.

❏ **Defesa do consumidor:** é possível que as ações e objetivos de marketing sejam questionados por grupos de defesa do consumidor, defesa ambiental, entre outros. Não que esses grupos não possam se expressar, mas, dependendo da repercussão causada, o setor de relações públicas é fundamental no momento de apresentar a opinião da empresa sobre tais questionamentos, esclarecendo e cuidando da imagem da empresa perante o consumidor.

❏ **Local:** seriam as vizinhanças em que a empresa se encontra instalada. Há empresas em que membros da comunidade são convidados para participar de suas reuniões extraordinárias, ou ainda funcionários da empresa como representante organizacional em reuniões comunitárias e associação de moradores de bairro. E ações de responsabilidade social empresarial se fazem necessárias.

❏ **Geral:** toda empresa deve se preocupar, e muito, com a visão que a população em geral tem da empresa, das atividades que esta desenvolve, dos seus produtos ou serviços. A imagem que o público tem da empresa afeta suas compras, e, assim, a divulgação de uma imagem negativa da empresa será disseminada.

❏ **Interno:** são os empregados, voluntários, prestadores de serviços, terceirizados que trabalham na empresa ou a frequentam. Quando o público interno se sente motivado, recompensado e identificado com os objetivos e metas da empresa, é gerada uma imagem da organização que será refletida no ambiente externo. Empresas que investem em endomarketing sabem que um colaborador satisfeito é o principal objetivo da empresa. O colaborador deve ser o primeiro a confiar, comprar e indicar o produto da empresa em que trabalha.

É interessante também analisar que esse conceito de ambiente de marketing evoluiu com a própria literatura e reflexões dos autores da área. Destaques para Philip Kotler, que na década de 1980 (p. 48), em seu livro denominado *Marketing*, titula que o ambiente de marketing de sistema de marketing era um sistema devido a um conjunto de instituições ou ainda fluxos que ligavam as organizações com o público-alvo e os mercados-alvos, porque eram selecionados dentre uma série de outras possibilidades.

> Um sistema de marketing é uma abstração de elementos selecionados de um grande número de possibilidades [...] um sistema de marketing é um conjunto de instituições e fluxos significativos que liga as organizações a seus mercados.

Kotler e Keller (2006, p. 24) também publicaram novas denominações para os ambientes de marketing, e passaram a denominar o microambiente de ambiente de tarefa, porque são "participantes imediatos envolvidos" nos diversos processos da empresa.

MACROAMBIENTE

Agora você será convidado a analisar o ambiente externo, aquele que está distante do seu alcance, e como esse ambiente pode trazer oportunidades e ameaças, interferindo no dia a dia das empresas. No macroambiente teremos variáveis que são impossíveis de controlar ou mudar sozinhas, cujo diálogo é impossível na individualidade, dependendo, assim, do coletivo para alterá-lo.

O macroambiente gera incertezas e instabilidade, por isso, estudá-lo de forma periódica é essencial a todo profissional de marketing. As ameaças podem trazer oportunidades de negócios.

No subitem anterior, quando estudamos o microambiente, a ênfase foi dada às microvariáveis, aquele ambiente próximo à empresa, com o qual há possibilidade de estabelecer diálogo e realizar mudanças. Neste subitem você estudará sobre as forças externas e, por isso, mais amplas, que muitas vezes interferem no microambiente.

As variáveis macroambientais são:

❏ Demografia

❏ Economia

❏ Político/legal

❏ Tecnologia

❏ Natural

❏ Sociocultural

❏ Concorrência

❏ Educação

❏ Infraestrutura

No primeiro capítulo você estudou em que contexto surgiu o marketing, suas diversas orientações, suas características atuais, suas tendências, e no subitem 3.1 você estudou sobre o microambiente, que é um pré-requisito para se entender como se faz a análise do cenário mais amplo do marketing e sua influência sobre as organizações.

Segundo Kotler (1980, p. 68), os "macroambientes são os fatores incontroláveis aos quais as empresas adaptam-se por meio da utilização dos fatores controláveis: o composto de marketing".

Caso você tenha se questionado sobre motivo pelo qual essas variáveis são incontroláveis, eis a resposta: porque são características que envolvem aspectos sociais e, até, globais. Portanto, diante de tamanha proporção, não há a possibilidade de alterar tais aspectos de forma individual. A mudança, nesse caso, depende da ação do coletivo ou da força de interesses. O que se pode fazer individualmente é apenas adaptar-se às mudanças que se promovem no microambiente.

O profissional de marketing deve acompanhar e monitorar diariamente essas mudanças para não ser surpreendido por elas. Ou seja, a análise do macroambiente deve se tornar uma rotina diária. O profissional de marketing precisa realizar a leitura diária de jornais nacionais e internacionais e ter acesso às mais diversas mídias impressas e digitais, sempre realizando uma análise minuciosa de todas as informações disponibilizadas pela mídia nacional em comparação com a internacional, não sendo assim surpreendido por crises internas que impeçam uma visão macro da situação.

Por isso, é preciso se preparar, conhecer, prever as tendências, trabalhar com análise de cenários futuros e, assim, ser capaz de se adaptar e responder com produtos ou serviços que satisfaçam seus consumidores e gerem o retorno esperado pela empresa. É importante relembrar que ameaça para um pode ser oportunidade para o outro, e vice-versa.

Apresento a seguir cada uma das variáveis macroambientais.

Ambiente Demográfico

A macrovariável demografia é importante, pois se vincula com as características que são comuns à população, tais como tamanho, densidade, faixa etária, ocupação, grau de escolaridade, localização, renda, grau de instrução, gênero, estado civil, entre outras.

Esses dados estatísticos podem ser obtidos por meio de censos ou de pesquisas de mercado encomendadas para coleta de dados primários e outros dados secundários.

É importante conhecer o perfil de potenciais consumidores. Eles ainda não são seus clientes, mas podem se tornar a partir do momento em que você souber como atingi-los. Também é importante conhecer os consumidores reais para fidelizá-los.

O crescimento rápido da população mundial e a formação de novos mercados com características altamente diversificadas fazem com que a observação dessa força macroambiental se torne uma importante fonte de informações sobre o perfil, as condições socioeconômicas e as possibilidades de atender de modo rentável a essa demanda. Quanto mais você conhecer o seu público-alvo, mais fácil se tornará atingi-lo, por isso essas informações são vitais para o negócio da empresa.

Quanto maior o número de informações sobre características do mercado obtiver, mais fácil será atender sua demanda e segmentar seu público (assunto que você estudará no Capítulo 9).

Portanto, não deixe de ter acesso às características comuns daqueles que são, atualmente, seu público-alvo. Saber qual a idade, qual o sexo, onde estão, quanto ganham, entre outras informações, trará um conhecimento importantíssimo para a tomada de decisão no marketing.

Os sistemas de informações de marketing têm como meta, atualmente, coletar dados primários e secundários comuns à população atendida pela empresa na busca constante por transformá-los em informações qualitativas que permitam chegar à especificidades de cada consumidor.

Para Kotler e Keller (2006), a macrovariável demográfica traça tendências confiáveis no curto e médio prazos, por isso uma empresa que se preocupa com tal monitoramento não apresentaria desculpas como "ser pego de surpresa" por eventos de características demográficas, porque a mudança é perceptível e sinaliza as ações corretivas que precisam ser executadas.

Ambiente Econômico

Segundo Kotler e Armstrong (2007, p. 66), "o ambiente econômico consiste em fatores que afetam o poder de compra e o padrão de gastos das pessoas". Esse poder de compra é definido pela renda individual e familiar, que possibilita a satisfação dos desejos e necessidades de cada um. Ao recebermos nossos salários, movimentamos o mercado, já que compramos produtos, adquirimos serviços e sempre pensamos em como gastar ou investir nosso dinheiro. As empresas observam esse poder de compra para saber onde investir em propaganda, promoção, definir o preço, entre outras coisas.

As mudanças pelas quais a economia brasileira já passou caracterizaram um período de grande instabilidade, com altos índices de inflação e juros. Após uma fase de fatores econômicos favoráveis ao crescimento do mercado, da renda e das possibilidades de investimento das empresas multinacionais e do crescimento das empresas nacionais, ingressamos novamente em um período de crise interna e política.

O ambiente econômico internacional caracteriza-se por um mercado global interconectado com reações e reflexos que podem ser sentidos em quase todos os países, como ocorreu em 2008, afetando a economia estadunidense e mundial. O consumo cresce com a prosperidade econômica, como se percebeu no Brasil, e decresce em períodos de crise, como se observa na Europa pós-2008.

O acompanhamento e monitoramento do ambiente econômico possibilita a definição de metas e estratégias frente a oportunidades ou ameaças de atuação no mercado nacional e mundial. Por outro lado, aqueles que não monitoram o mercado econômico muitas vezes são surpreendidos por suas mudanças, uma vez que não estavam preparados ou estavam indiferentes ao macroambiente.

As variações do mercado devem ser acompanhadas atentamente pelos profissionais de marketing, para que possam saber onde e quando investir, quais os melhores momentos para o lançamento de novos produtos ou serviços e possibilidades de expansão da empresa.

Ambiente Político/Legal

O ambiente político e legal, ou jurídico, é conformado pelas leis e órgãos governamentais que regulamentam a atuação das empresas, do mercado, entre outros. Segundo Kotler e Armstrong (2007, p. 70):

> Os governos desenvolvem políticas públicas para orientar o comércio — um conjunto de leis e regulações que limitam os negócios para o bem da sociedade como um todo. Quase toda atividade de marketing está submetida a uma ampla gama de leis e regulações. [...] O número de leis que afetam os negócios no mundo inteiro aumentou de maneira constante nos últimos anos.

O profissional de marketing precisa ter conhecimento da Constituição Federal das principais leis relacionadas ao ramo de negócio em que atua ou pretende atuar, a fim de não ter problemas futuros e de poder tirar proveito e usufruir de benefícios, quando possível. A legislação, seja esta municipal, estadual ou federal, precisa ser observada e respeitada.

Em nível global, as empresas que importam e exportam precisam estar atentas ao comércio exterior e à legislação que regulamenta os negócios internacionais, assim como as políticas externas e específicas de cada país em que se opera ou deseja operar. Atualmente existe uma área do marketing que aborda a gestão dos negócios internacionais: o Marketing Internacional.

Em relação à força política, não podemos confundir a aplicação da legislação com os períodos de pré-eleições, eleições e pós-eleições, quando o que está em jogo são as pressões pelos interesses partidários. Por esse motivo, conhecer a política significa saber o que está sendo feito no âmbito de políticas públicas, como é possível participar e apresentar propostas para o setor em que atua, acompanhar os projetos de lei, o lobby que foi determinado e também as possíveis mudanças com as eleições e os novos representantes que assumem o poder.

Ambiente Tecnológico

Essa força ambiental tem impactado as organizações por causa das rápidas mudanças que ocorrem nesse ambiente. Essas mudanças afetam a todos e causam verdadeiras revoluções comportamentais. Com o avanço da tecnologia, novos produtos e serviços são lançados em um ritmo nunca antes vivido pelos seres humanos, incluindo também novas formas de consumo.

Por meio da inovação tecnológica, as empresas precisam se atualizar e encontrar novas formas de atingir seu consumidor, como com campanhas em mídias digitais que permitam a interação com o cliente (sites, portais, mobile marketing, entre outras). Essas múltiplas possibilidades de atuação na divulgação só ocorrem graças à tecnologia.

Com a tecnologia, novos produtos são criados e muitas oportunidades surgem no mercado. Estar atento a isso é uma tarefa do profissional de marketing que possibilita o acompanhamento das tendências do mercado e a constante atualização de seus processos.

Procure estar sempre bem informado em relação às novidades tecnológicas, uma vez que estas trazem múltiplas formas de atuação na área de marketing.

Nas empresas, as áreas de pesquisa e desenvolvimento (P&D) são as que mais se beneficiam com o avanço da tecnologia, por meio de cientistas que criam e testam novos produtos e serviços a fim de responder com maior eficiência e eficácia aos problemas do mercado consumidor. As equipes de P&D das empresas também contam com profissionais de marketing, que têm como objetivo buscar novas orientações do mercado consumidor e com produtos e serviços que alcancem a expectativa de seus clientes.

As empresas que investem em tecnologia são aquelas que estão preparadas para as mudanças. Mas muitas ainda não perceberam isso e acham que é um investimento muito grande e desnecessário, preferem importar a baixos custos para não ter a seus produtos desatualizados. E no mercado atual, com uma concorrência tão acirrada, as empresas não podem perder oportunidades, caso contrário perdem clientes e podem até mesmo ir à falência.

No setor de serviços, as empresas de características Lean Startup aproveitam o avanço tecnológico para oferecer serviços diferenciados a clientes exigentes e que buscam por facilidades. A área de aplicativos para dispositivos móveis se encaixa nesse novo perfil de empresa, que também sofre com a constante mudança e incorporação de novas tecnologias. Essas empresas, com escalabilidade e alta rentabilidade, desnatam o mercado, assumindo os riscos inerentes a esse tipo de negociação, com possibilidade de que seu serviço se torne obsoleto em questão de meses.

Para os autores Kotler e Keller (2006, p. 90), "está na essência do capitalismo de mercado ser dinâmico e tolerar a destruição criativa da tecnologia como preço do progresso", por isso a empresa precisa estar atenta ao macroambiente tecnológico, para premeditar tais acontecimentos.

Ambiente Natural

Refere-se ao meio ambiente. As macrovariáveis anteriores alteram e propiciam ameaças e oportunidades para a atuação das empresas no mercado. Já a macrovariável natural oferece as matérias-primas para as empresas e para a sociedade e ainda recebe grande impacto com o aumento da produção e o descarte de produtos após o uso, muitas vezes apenas por questão de obsolescência.

Segundo Kotler e Armstrong (2007, p. 67):

> Os profissionais de marketing devem ter consciência das muitas tendências do ambiente natural. A primeira tendência está ligada à escassez de matérias-primas. O ar e a água podem parecer recursos infinitos, mas alguns grupos veem perigo no longo prazo. [...] A segunda tendência ambiental é o aumento da poluição. [...] E a terceira tendência está relacionada ao aumento da intervenção do governo na administração dos recursos naturais.

O meio ambiente é, atualmente, o foco de ações mercadológicas. Com essa estratégia, as empresas buscam agregar valor à marca tentando minimizar os impactos ambientais e buscar um desenvolvimento sustentável. Nota-se, ainda, que é grande o número de empresas se adequando aos padrões ambientais regulamentados em normas como ISO 14000 e investindo em produção limpa e ações ambientais. Essas são algumas das ações possíveis na luta pelo prolongamento da vida do planeta, uma vez que o modelo de desenvolvimento seguido, com o uso irracional de recursos naturais não renováveis, trouxe impacto negativo sobre o meio ambiente e se mostra obsoleto para os novos paradigmas econômicos, sociais e ambientais.

Cresceu também o número de organizações não governamentais (ONGs) em defesa do meio ambiente, que trazem para o consumidor importantes informações sobre o consumo consciente, a reciclagem, a coleta seletiva e a manutenção da biodiversidade do planeta. O consumidor, tendo maior acesso a essas informações, pode repensar o seu papel de cidadão e assumir a responsabilidade de preservação do meio ambiente.

Somente a atuação conjunta do governo com a sociedade civil organizada e o setor empresarial pode trazer soluções para as problemáticas ambientais que enfrentamos na busca do desenvolvimento sustentável.

As empresas não devem abordar a questão ambiental apenas como forma de agregar valor à sua marca e construir uma imagem positiva junto ao seu consumidor. É preciso que o debate das questões ambientais faça parte das práticas cotidianas de qualquer empresa, senão o discurso ambiental se torna uma propaganda enganosa (o chamado Greenwashing), que pode trazer efeitos colaterais.

A partir do momento em que o debate sobre a questão ambiental é intrínseca à preocupação e postura empresarial, acontecerá o reconhecimento do público, que saberá que a empresa tem um discurso que é condizente com a prática. Esse reconhecimento é o que agregará valor à marca, com a construção de uma imagem positiva da empresa.

Ambiente Sociocultural

As variações na macrovariável sociocultural estão vinculadas ao tempo e ao espaço. É comum que numa análise de caráter sociocultural, com o passar do tempo, você perceba mudanças que podem estar vinculadas a valores, comportamentos, atitudes, práticas sociais, entre outras, cujas gênesis relacionam-se com a cultura, a forma de viver e de ser de um povo. Essas características também variam de acordo com o espaço geográfico. Ou seja, os comportamentos mudam de cidade para cidade (estado ou país), por isso a questão sociocultural é uma valiosa fonte de informações que precisa ser analisada com certa frequência e que, ao mesmo tempo, traz uma desafiadora tarefa aos profissionais de marketing. Como conhecer os hábitos e comportamentos que advêm de uma cultura? Como mapear as mudanças de hábitos?

O profissional de marketing precisa estar ciente de que é importante e essencial conhecer os hábitos e a cultura antes de empreender um projeto. O conhecimento sobre o comportamento, os valores e as crenças de cada lugar em que se pretende atuar é fundamental antes de entrar em um novo nicho de mercado.

Em um país continental como o Brasil, têm-se características e hábitos diferenciados de consumo por região. O gestor de marketing deve compreender e buscar sempre formas de adaptar o produto ou serviço às características de cada mercado, pois os hábitos de compra também são influenciados pelo modo de vida de seus habitantes.

As novas ferramentas analíticas permitem que, com o avanço da tecnologia, uma quantidade enorme de informações esteja ao dispor do gestor, porém essas informações ou dados precisam ser transformados em conhecimentos sobre os costumes e forma de se viver da população nas regiões em que a empresa opera.

Por outro lado, os consumidores estão mais informados e exigentes. As empresas devem utilizar-se de toda a ciência para conhecer e atender aos anseios dos seus clientes. Como afirmam os autores Kotler e Keller (2006), o indivíduo recebe interferência dos grupos com os quais convivem, e estes moldam crenças, valores e normas.

As mudanças no ambiente sociocultural afetam o comportamento, o estilo de vida, a cultura e as gerações. As novas gerações possuem características bem diferentes das anteriores. A velocidade e a quantidade de informação que estas novas gerações recebem fazem com que estejam atentas às mudanças futuras, o que também traz oportunidades e ameaças às empresas.

Ambiente de Infraestrutura

O Brasil recentemente sediou dois eventos internacionais de grande porte: a Copa do Mundo da FIFA e os Jogos Olímpicos. Muitos livros não indicam a infraestrutura como uma questão macro, mas, no caso brasileiro, haja vista que eventos dessa natureza envolvem licitações, morosidade, entre outros, a infraestrutura já pode e deve ser vista como uma variável macroambiental.

Questões de infraestrutura aérea, rodoviária, ferroviária, fluvial, entre outras, dependem de investimento público, com possibilidade de participação do setor privado sob uso de concessão, mantendo e melhorando a infraestrutura do país.

A Copa do Mundo da FIFA exemplificou que a questão de infraestrutura é um tema que não há como modificar sem a presença da coletividade. O diálogo passa pela zona de interesses políticos, empresariais e da sociedade civil.

Por esse motivo, os profissionais de marketing também precisam estar atentos às questões de infraestrutura a partir de suas oportunidades ou ameaças. Portanto, a infraestrutura atualmente é uma variável que se encaixa tanto no micro quanto no macroambiente, e, no momento da análise, é necessário fazê-la nos dois contextos: micro e macro.

Ambiente da Concorrência

A concorrência é outra variável que, assim como a infraestrutura, também pode ser analisada tanto no macro como no microambiente. Os livros de marketing, em sua maioria, destinam-se a gestores que atuam em empresas de grande porte, e para esses profissionais de marketing, os grandes concorrentes são conhecidos e os pequenos não são vistos como uma ameaça real.

Mas como este livro se destina tanto a gestores de empresas de grande porte quanto àqueles que atuam em médias, pequenas e microempresas, é preciso alertar para o fato de que, se você desconhece seu concorrente, se não tem informações sobre como são estipulados preços, sobre suas estratégias de marketing, com o qual é impossível dialogar, você está diante de uma situação em que o concorrente tem que ser analisado a partir do macroambiente.

Resumindo: o concorrente, no macroambiente, é aquela empresa com a qual é impossível dialogar, é impossível prever suas ações, e por isso é importante estar atento a oportunidades ou ameaças que esse concorrente pode ocasionar.

3.3. ATIVIDADE DE AUTOAVALIAÇÃO

1. Uma instituição sem fins lucrativos deve estar atenta às variáveis microambientais? Por quê? Como?

2. Uma instituição pública pode fazer uso da análise das variáveis microambientais para melhorar a administração pública? Como?

3. Como a pequena empresa — pensando que, geralmente, não possui uma pessoa com conhecimentos em marketing — deve fazer para estar atenta à análise das variáveis microambientais?

4. Há muitos dados estatísticos e de opinião sobre o uso dos dispositivos móveis no Brasil. Sua tarefa é analisar o macroambiente para estabelecer oportunidades e ameaças macroambientais para quem atua na área. Escolha o setor de atuação, de preferência aplique num caso real. Analise todas as macrovariáveis para esse ramo da tecnologia.

Capítulo 4
OS 4 "P"S

Objetivos do Capítulo:
- Compreender o composto de marketing, mais especificamente o produto e sua importância no mercado.
- Apresentar o segundo "P" do Composto de Marketing, o preço. Apresentar as principais fases para a determinação de preços de produtos e serviços.
- Apresentar o terceiro "P" do Composto de Marketing, a praça. Apresentar as principais variáveis para se traçar estratégias para a praça.
- Compreender o composto de marketing, mais especificamente a promoção e sua importância no mercado.

Competências:
- Analisar uma situação que envolva as variáveis que compõem o produto.
- Planejar estratégias diferenciadas de preços e praça para produtos ou serviços.
- Analisar uma situação que envolva as áreas que compõem a promoção.

Habilidades:
- Pesquisar informações que permitam a compreensão do produto em suas múltiplas tendências.
- Determinar preços de produtos ou serviços com base nas principais técnicas vistas neste capítulo.
- Especificar critérios para a determinação de localização estratégica, atrativos para a estrutura física da empresa e uso correto de técnicas para melhorar a aparência física da empresa.
- Pesquisar informações que permitam a compreensão da promoção como comunicação para o mercado.

4.1. INTRODUÇÃO

É importante frisar que o Composto de Marketing (também conhecido como Mix de Marketing, Marketing Mix ou 4 Ps) faz parte das abordagens clássicas e se encaixa na primeira era do marketing. E agora você deve estar se perguntando o porquê de ter que estudar uma teoria tão antiga. Num ponto você tem razão: é uma teoria muito antiga! Atualmente temos a impressão de que tudo que surgiu no século anterior é ultrapassado e de gente velha. Mas o Composto de Marketing é uma teoria que ainda não caiu por terra e continua sendo utilizada por muitos profissionais na área de marketing. Por isso é importante conhecer e aplicar essa teoria. Ela é tão importante ainda, que dedicaremos quatro partes dentro deste capítulo para apresentá-la detalhadamente. O Composto de Marketing é formado pelos seguintes elementos: PRODUTO, PREÇO, PRAÇA E PROMOÇÃO.

Antes de iniciar a leitura do capítulo, escreva em uma folha de papel separada, o que você, como consumidor e ser humano, esperava de um produto que adquiriu recentemente. Esse produto atendeu suas necessidades ou desejos? Você acredita que esse produto foi apresentado por seus atributos físicos ou pelos intangíveis?

4.2. CONCEITOS

O profissional de marketing deve analisar o composto mercadológico como um todo, pois de nada adiantará à empresa ter um produto ou serviço excelente, com um bom preço, alta disponibilidade nos pontos de venda, se o consumidor não sabe para que serve e se nunca ouviu falar desse produto ou dessa marca.

Na empresa orientada ao marketing, o cliente precisa ter a sua necessidade e seus desejo atendidos. Vamos supor que você tenha uma confecção e que as roupas que você vende "não ficam bem" em determinada pessoa: se ela não se sentir bem naquela roupa, não a levará — nesse momento cabe a você rever sua segmentação e posicionamento (capítulos 9 e 10, respectivamente). Caso esse acontecido se repita muitas vezes num mesmo dia ou numa mesma semana, pode ser que você tenha capacidade para atender a um novo nicho de mercado.

Composto de Marketing: Produto

É importante que você saiba que produto é tudo aquilo que é tangível, que você pode tocar, aquilo que é físico. Ou seja, podemos tocar uma cadeira, então isso é um produto. Por outro lado, é impossível tocar o conforto da cadeira, a qualidade... Então, o conforto e a qualidade são itens intangíveis, e seria o valor agregado à cadeira. Tudo que é valor agregado estudaremos no Capítulo 6.

O grande desafio das empresas é confeccionar e oferecer produtos que satisfaçam as necessidades ou desejos dos consumidores.

Esta primeira parte será dedicada ao P de Produto. Como o mercado encontra-se em constante mudança, você precisa estar atento ao ciclo de vida, à análise de portfólio de seus produtos e, ainda, aos níveis do produto que oferece.

Definições e Funções do Primeiro P

Na época em que a teoria foi formulada, a área de serviços não era vista como atualmente. Naquela ocasião, o serviço era uma necessidade que precisava ser prestada por conta do produto que era vendido, por isso a teoria não faz menção a serviços (intangíveis), mas apenas aos tangíveis (produto).

Muitos profissionais de marketing aplicam a teoria a serviços, e não há nada de errado nisso. Ao contrário, é importante analisar ciclos de vida de serviços, bem como analisar o portfólio oferecido. Com a mudança que a área de serviços teve, vamos estudar no Capítulo 6 uma categoria do marketing, o da área de serviços, para explanar assuntos que não serão contemplados no desenvolvimento deste capítulo.

Para as empresas, o produto representa sua fonte de lucro; para os consumidores, a forma de satisfazer necessidades e desejos; e para a sociedade, uma maneira de se organizar, uma vez que os produtos podem ser pessoas, lugares, ideias, serviços, organizações e muito mais.

O produto atualmente precisa se diferenciar cada vez mais, pois existem muitos produtos similares, com características próximas, o que torna mais difícil a escolha por uma determinada marca. Para se diferenciar da concorrência é necessário definir seu produto e posicioná-lo no mercado para atingir as metas propostas. Ressaltar o diferencial, apresentar os benefícios e inovar são formas imprescindíveis de lançar e manter o produto no mercado. Agregar valor à marca, estender a garantia e oferecer um serviço de excelência desde a distribuição do produto aos pontos de venda até o pós-venda são condições para se destacar perante a concorrência.

Com esta dimensão ampliada do produto, focaremos aqui o bem físico, pois os seguintes subitens abordarão os serviços e outras formas de produtos. Desenvolver produtos, lançar tendências, novas tecnologias e inovar são as palavras de ordem para as empresas que pretendem se consolidar no mercado. Por que é necessário buscar essa inovação constante e lançar novos produtos? Isso se deve ao fato da acirrada concorrência, do nível mais elevado de exigência dos consumidores e da expectativa constante de novidades que temos atualmente.

Portanto, vamos aqui aprender o ciclo de vida do produto e os níveis e o desenvolvimento de novos produtos por meio da análise de portfolio na matriz BCG (Boston Consulting Group). Todos esses conceitos são fundamentais para entender o *marketing* e a importância deste "P" para o mercado.

Produtos podem ser definidos como o principal objeto das relações de troca que podem ser oferecidas num mercado para pessoas físicas ou jurídicas, com a finalidade de proporcionar satisfação a quem os adquire ou consome (LAS CASAS, 2009).

O Ciclo de Vida do Produto

O conceito de ciclo de vida do produto é muito importante no planejamento de estratégias de marketing para a comercialização de produtos ou serviços. Portanto, deve ficar claro que os produtos são introduzidos, crescem, amadurecem e declinam em resultado de decisões tomadas pelos administradores de marketing, à medida que tais decisões são afetadas pela concorrência e outras forças ambientais, como vimos no Capítulo 3.

Num trabalho clássico publicado na Harvard Business Review, em 1965, Theodore Levitt apresentou aos profissionais de marketing o conceito de ciclo de vida dos produtos e mostrou como torná-lo um instrumento de força competitiva. As principais contribuições do modelo do Ciclo de Vida do Produto — CVP— à compreensão do produto no composto de marketing são identificar e apresentar a necessidade de gestão do desempenho do produto, a partir do entendimento do mercado e do desenvolvimento contínuo de novos produtos (e, atualmente, dos serviços), devido à demanda, ou por substituição dos antigos produtos ou serviços por outros mais novos.

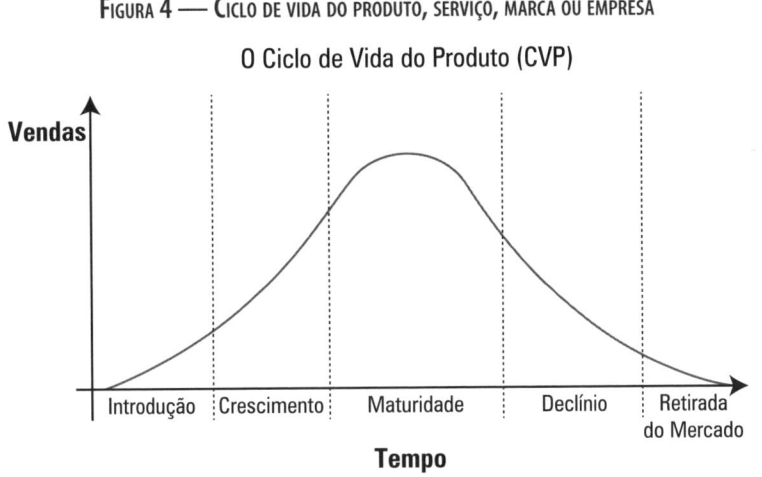

FIGURA 4 — CICLO DE VIDA DO PRODUTO, SERVIÇO, MARCA OU EMPRESA

O Ciclo de Vida do Produto (CVP)

[Gráfico: eixo vertical "Vendas", eixo horizontal "Tempo", com as fases: Introdução, Crescimento, Maturidade, Declínio, Retirada do Mercado]

Como se pode observar na curva do ciclo de vida do produto, nos eixos têm-se o tempo e o lucro. As etapas são: introdução, crescimento, maturidade, declínio e saturação (KOTLER, 2000).

Na etapa de introdução, a empresa está por começar as atividades, e muitos investimentos foram feitos em infraestrutura, comunicação, entre outros. Nessa fase pode haver o lançamento de produtos (ou serviços), cujos retornos iniciais ajudam a recuperar o investimento feito na empresa.

Quando a empresa começa a lucrar, é o fim da introdução e início da etapa de crescimento. Nesse momento ainda haverá investimento no produto (ou serviço) e começa-se a identificar e analisar o portfólio oferecido, buscando diferenciá-lo e diversificá-lo.

Quando a receita começa a se estabilizar, é sinal de que o produto (ou serviço) também já se estabilizou e se consolidou no mercado. Um produto ou serviço (bem como uma marca ou empresa) pode ficar anos a fio na maturidade. Não há uma regra para essa situação.

Em algum momento, o produto (ou serviço) entrará na fase de declínio. Nessa etapa, se reduzem os lucros. Aqui é chegado o momento de a empresa decidir se retira o produto (ou serviço) do mercado ou se inova, tentando inseri-lo de novo na etapa de crescimento.

A saturação é a etapa em que o produto (ou serviço) é retirado do mercado, pois se torna inviável mantê-lo operante.

Vamos estudar as características de cada fase? Para isso, é importante que você se lembre:

Na etapa de **introdução** ou lançamento do novo produto, percebem-se as seguintes características:

- Esforço de marketing intenso
- Crescimento lento de vendas
- Lucro ainda inexistente
- Compras de teste ou por impulso

Já na etapa de **crescimento**, na qual o produto começa a se estabelecer no mercado e obter aceitação e reconhecimento, podemos observar:

- Ações de *marketing* buscam sustentação
- Melhoria significativa do lucro
- Rápida aceitação de mercado
- Vendas crescentes e surgimento da concorrência

Ao se estabelecer no mercado e obter uma fidelização, o produto entra na etapa de **maturidade** e destaca-se pelas seguintes características:

- Redução no crescimento das vendas
- Esforço de *marketing* para diferenciação da concorrência
- Volume de vendas se estabiliza
- Consumidores fiéis repetem suas compras

E para aqueles produtos que chegam ao declínio, seja por opção, no caso da obsolescência programada, que é o planejamento da retirada do produto do mercado para substituição por um novo modelo, ou por consequência da falta de investimento no produto, apresenta-se:

❏ Período de forte queda nas vendas e no lucro

❏ Forte concorrência

❏ Considerável corte em preço

Na etapa final, que é a saturação, nota-se:

❏ Um apego ao produto (ou serviço) que impede sua retirada de imediato do mercado consumidor

❏ Produto ou serviço obsoleto por avanço da tecnologia

❏ Atende às necessidades de poucos compradores, que, muitas vezes, compram o produto esporadicamente

Portanto, o ciclo de vida do produto (ou serviço) representa um modelo de análise de cada etapa da "vida" do produto (ou serviço), com suas características, ameaças e oportunidades de ampliação no mercado.

Níveis de Produto

Kotler (2000) destaca os cinco níveis que um produto apresenta: benefício central, produto básico, esperado, ampliado e potencial. Vamos estudá-los em detalhes para entender a conceituação e como aplicar essa análise no seu dia a dia como profissional de marketing.

O primeiro nível, como sinaliza o autor, que é o benefício central, isto é, a razão de ser do produto (exemplo: num hotel, o benefício central é hospedagem e descanso).

No segundo nível, que é o produto básico, oferece-se o mínimo para que a pessoa compre o produto ou serviço (exemplo: no caso do hotel, para que o cliente se hospede, o básico necessário é uma cama, o banheiro, a escrivaninha e toalhas).

O terceiro nível, que é o produto esperado, traz uma série de atribuições que o cliente espera do produto ou serviço no ato da compra (exemplo: no caso do hotel, o cliente espera encontrar a cama confortável e arrumada, toalhas limpas, lâmpadas funcionando, entre outros).

Já no quarto nível, começa a diferenciação, que é o produto ampliado, na busca por exceder as expectativas do cliente e, assim, ter diferencial frente à concorrência (exemplo: o dono do hotel pode incluir internet sem fio nas habitações, TV a cabo, *check out* rápido e eficiente, entre outros).

O último nível é o do produto potencial. Aqui a intenção é encantar, surpreender o cliente. É a estratégia máxima de diferenciação para reter os clientes frente à possibilidade de que todos os demais concorrentes comecem a oferecer produtos ou serviços com as mesmas características que seu produto ampliado (exemplo: no caso do hotel, esta é a carta na manga que o dono tem para surpreender a concorrência. Ao encantar seus clientes com aquilo que eles mais gostam quando chegam ao quarto do hotel, ele excede as expectativas destes).

FIGURA 5 — NÍVEIS DE PRODUTOS OU SERVIÇOS

Com os conceitos já assimilados, fica mais fácil compreender que o processo de desenvolvimento de um novo produto ou serviço é fundamental para a empresa sobreviver no mercado e para crescer. É por isso que as empresas pesquisam inovações e buscam lançá-las no mercado antes que os concorrentes o façam.

O processo de desenvolvimento do produto ou serviço potencial geralmente percorre diversas etapas: surgem com uma ideia (mas ideia não tem dono), que precisa ser testada e analisada antes de ser lançada em forma de produto ou serviço no mercado, o que demanda tempo e dinheiro.

Análise da Matriz BCG

A análise da matriz BCG (Boston Consulting Group) é um dos modelos de identificação de unidades estratégicas de negócios. Essa matriz é utilizada até os dias atuais para analisar o crescimento e participação do portfólio de produtos ou serviços.

A imagem a seguir traz nos eixos a taxa de crescimento do mercado (taxa de crescimento anual) e a quota de participação de mercado (participação de mercado em comparação com o principal concorrente).

Você verá também que a matriz BCG é dividida em quatro células: interrogação, estrela, vaca leiteira e abacaxi. Vamos analisar cada célula em detalhe para sua compreensão.

- ❏ **Interrogação:** a maioria dos negócios inicia como ponto de interrogação, pois é uma fase em que o produto ou serviço ainda não se estabeleceu no mercado e há uma aposta de que se transformará em estrela ou vaca leiteira. Um produto nesta categoria demanda investimento para saber se vai se firmar no mercado ou não.

- ❏ **Estrela:** se o produto que estava no ponto de interrogação se firmar no mercado, poderá se tornar uma estrela, ou seja, se torna um produto ou serviço líder em um mercado em alto crescimento. Esta categoria de produto ou serviço não produz um fluxo de caixa positivo, mas a empresa precisa investir nele e impedir os ataques dos concorrentes.

- **Vaca leiteira:** este produto ou serviço gera muito caixa. São estes os produtos que pagam as contas. Uma empresa precisa se atentar, porque a vaca leiteira pode se tornar um abacaxi (ou animal de estimação — que é outra nomenclatura utilizada para a última célula).

- **Abacaxi:** negócios com pequenas participações de mercado. Geram baixos lucros ou até prejuízos. Às vezes a empresa não tira o produto ou serviço do mercado por questões sentimentais (por isso a nomenclatura "animal de estimação").

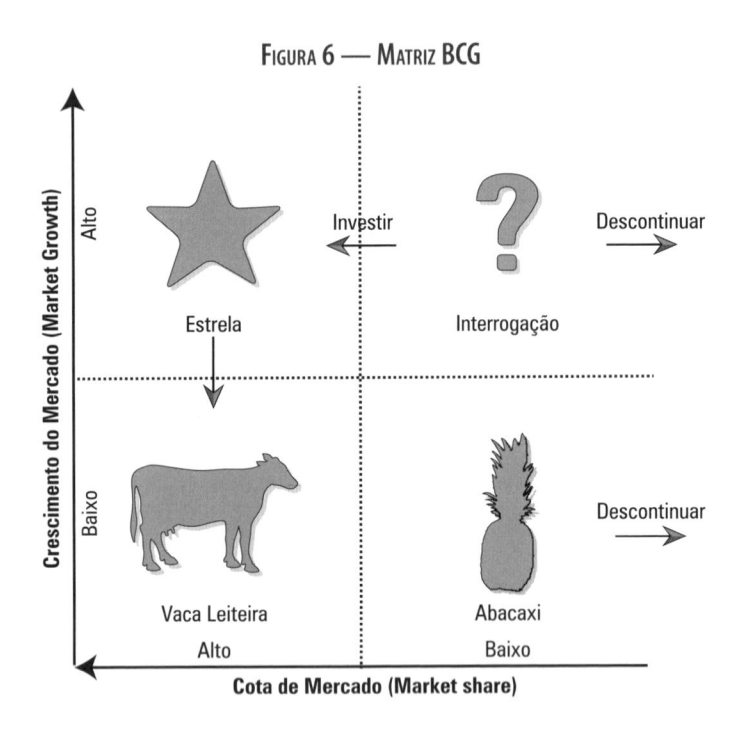

FIGURA 6 — MATRIZ BCG

A seguir você conseguirá analisar e comparar a aplicação do ciclo de vida à proposta de análise da matriz BCG. Note que o ponto de interrogação equivale ao ciclo de introdução, assim como a estrela equivale ao ciclo de crescimento da empresa ou do produto ou serviço, a vaca leiteira se equipara ao produto que chega à maturidade, e o abacaxi, ao ciclo do declínio e saturação.

Também é importante que você saiba que, às vezes, um produto sai da célula de interrogação direto para a do abacaxi, ou seja, não se firma no mercado e precisa ser retirado para melhorias ou é descontinuado.

As empresas deveriam ter mais de um produto ou serviço nas células de interrogação, estrela e vaca leiteira, para não correrem o risco de obsolescência do produto ou não aceitação de serviços.

A matriz BCG permite analisar se a vida da empresa é saudável. Uma empresa com muitos produtos ou serviços na interrogação ou abacaxi precisa rever seu modelo de negócios urgentemente.

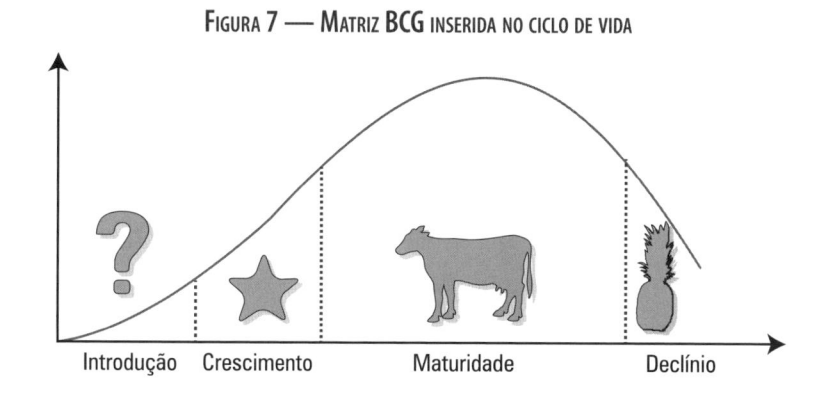

FIGURA 7 — MATRIZ BCG INSERIDA NO CICLO DE VIDA

Com a matriz BCG construída, a empresa precisa analisar quais negócios irá manter, em quais irá investir ou quais irá abandonar. A empresa deve analisar também as mudanças de seus produtos ou serviços dentro das células da matriz BCG, pois,como mostra a figura anterior, a mudança de células deve acompanhar a mudança de ciclos de vida do produto ou serviço.

Composto de Marketing: Preço

A análise do preço é muito interessante. Este é o único "P" do Composto de Marketing que traz lucros, porque os demais mostram a necessidade de investimentos.

Mas o PREÇO, principalmente no setor de serviços, é muito difícil de ser definido. Há casos de prestadores de serviços que desconsideram a maior parte dos custos fixos e variáveis no momento de definir o preço final, por crer que, se tiver que levar todos esses números, o serviço ou produto sairá muito caro, e as pessoas não comprarão. Resumindo: há muitos prestadores de serviços que colocam seu preço levando em conta os custos de materiais que utilizaram no desenvolvimento da prestação de serviço e acabam não cobrando o valor de sua mão de obra. Outros, muito comum entre aqueles que trabalham no comércio, somente adicionam um percentual — ex.: 30% — em cima da mercadoria adquirida e acreditam que se cobrarem mais não conseguirão vendê-las.

Talvez você já tenha tido as mesmas dificuldades! Foi pensando nisso que a TV Cultura e o SEBRAE criaram o quadro *Negócios & Soluções* no SEBRAEnaTV. São vídeos que falam sobre diversos assuntos — dirigidos não somente ao micro e pequeno empresário, mas também a estudantes, para que entendam como se dá o processo de precificação. Caso queira saber mais sobre o assunto (aprendendo com problemas e casos reais), assista aos três vídeos que estão indicados na sessão Leituras Complementares.

O preço é um item de total importância na análise de composto de marketing. Portanto, veremos tanto a parte conceitual e teórica quanto a análise de estratégias direcionadas a preço. Muitos dos conceitos são comuns aos comentários apresentados nos dois vídeos que você assistiu.

Antes de prosseguir a leitura, é importante que releia os conceitos de **Produto** (subitem 4.3), que são requisitos necessários para entender os conceitos que serão apresentados a seguir.

Definições e Funções do Segundo P

O **preço** recebe diversas denominações: aluguel, matrícula, mensalidade, valor da consulta, passagens, tarifas, juros, pedágio, seguro, prêmio, propina, cachê, taxa, adiantamento, salário, empréstimo, crédito, parcela, comissão, entre outros.

E, como foi dito anteriormente, este é o único "P" do Composto de Marketing que é capaz de produzir receita, que remunera. Os demais Ps geram custos.

O preço é o valor de troca por aquilo que nos é oferecido: é o preço que você paga pela mercadoria ou serviço que deseja ou de que necessita.

Nossas necessidades, atualmente, aumentaram. Até 20 anos atrás, não tínhamos a necessidade de ter um telefone móvel. Comunicávamo-nos pelo telefone público ou pelos telefones fixos comerciais e residenciais. Nessa mesma época, tínhamos que esperar uma carta, que chegava pelo correio, e não via correio eletrônico. Ou seja, nossas necessidades aumentaram, e nossos desejos também.

Na decisão pelo produto, o cliente avaliará que valor o produto ou serviço que você oferece agregará. Atualmente definimos a compra ao analisar o custo x benefício e o valor agregado.

No momento da compra, o cliente avaliará se a troca que está a ponto de concretizar é justa; se ele terá que abrir mão de algo para adquirir o produto ou serviço, qual o valor final, o valor agregado e as formas de pagamento.

Como dito anteriormente, o preço para a venda final de produtos ou serviços é tanto uma das ações mais importantes da empresa como também uma das mais difíceis de definir.

Para o gestor, é uma tarefa que gera muitas dúvidas, acarretando uma infinidade de reuniões e discussões empresariais.

O preço final não deveria ser decidido somente pelo setor de finanças ou pela presidência da empresa. Deve incluir profissionais dos setores de marketing, contabilidade, finanças, produção, desenvolvimento, compras, logística e administração na discussão e reflexão.

Portanto, incluir preço a um produto ou serviço dependerá de vários fatores. Nos subitens a seguir, apresentaremos as principais, que são:

- interesses estratégicos da empresa (privada, pública ou sem fins de lucro);
- as características dos produtos ou serviços e a qualidade destes;
- as formas de posicionamento de produto ou serviço assumido nas estratégias de marketing;
- sensibilidade que o consumidor tem ao aumento ou à queda do preço;
- a forma como a concorrência se organiza;
- Tributos; entre outros.

Como os Preços São Estabelecidos?

1. **Em primeiro lugar, é preciso definir o *objetivo* de se definir o preço.**

    Quando a empresa é orientada ao marketing, segundo Leoni Filho (p. 43), quem estabelece o preço do produto ou serviços é o cliente, e não a empresa.

    Mesmo que a orientação da empresa não seja para o marketing, se ela identifica seu objetivo enquanto empresa entre os cinco principais — citados a seguir —, fica muito mais fácil decidir pelo preço final.

    Os objetivos podem ser:

    ❑ A sobrevivência (quando a empresa enfrenta problemas que podem estar relacionados com a concorrência, com mudanças macro ou microambientais bruscas, entre outros motivos — ela prefere estabelecer preços com os quais possa pagar os custos variáveis e os custos fixos, ou seja, continua funcionando mesmo sem lucrar).

    ❑ A maximização do lucro atual (para isso é preciso estimar cuidadosamente a demanda, os custos que a empresa pagará por esses preços alternativos. Assume-se o risco de que o consumidor aceitará tal preço e define-se o preço final).

    ❑ A maximização da sua participação no mercado (essas empresas acreditam que o aumento das vendas proporciona queda no valor unitário e maiores lucros no longo prazo).

    ❑ O desnatamento (a empresa lança algo inovador com preço alto e, com o passar dos meses, diminui o preço final, já que lançará novos produtos ou serviços substituindo os lançados anteriormente, que serão tidos como antigos, desatualizados ou ultrapassados — esta é uma estratégia do ramo de informática, eletroeletrônicos, entre outros).

    ❑ A liderança na qualidade do produto (tem como objetivo ser reconhecida pela qualidade e por isso precificam seus produtos ou serviços para tal. Também querem denotar *status*).

2. **Em segundo lugar, é preciso determinar a demanda.**

   Há clientes que podem ser sensíveis a preços ou pode ocorrer ainda elasticidade de preço da demanda.

   As empresas utilizam-se de técnicas como a análise estatística de preços, experiências, aplicando preços diversificados na prática para verificar se as vendas serão afetadas, ou, ainda, levantamentos para saber a intenção de compra a diferentes preços praticados.

3. **Em terceiro lugar, é preciso determinar a estimativa de custos.**

   É preciso estimar como os custos mudam nos diferentes níveis de produção, (que são os *custos fixos* — aquelas contas que a empresa precisa pagar todo mês ou periodicamente, respeitando a legislação; os *custos variáveis* — são aqueles que variam de acordo com o nível da produção; e os *custos totais* — produção acumulada (é a experiência que se adquire com o processo da produção, melhorando os processos e os métodos, o que acelera a produção e diminui o *custo médio* — para ter o custo médio, basta dividir os custos totais pelo montante produzido) e para ofertas diferenciadas ao mercado.

   Outra observação importante é o da *produção acumulada*, porque, no caso de uma indústria, o funcionário aprende a trabalhar mais rápido a cada nova fabricação do produto, e isso aumenta o lote e diminui o custo final por unidade. Outra ferramenta utilizada na determinação de custos é a atividade baseada em custo (ABC), em vez de se utilizar a contabilidade de custos padrão.

4. **Em quarto lugar, é preciso realizar uma análise de custos, preços e ofertas dos concorrentes.**

   Atualmente, é muito comum que as empresas conheçam seus concorrentes. Não é estranho o fato de que empresas tenham seus *espiões* de preços no mercado, que podem estar *infiltrados* na empresa do concorrente, podendo ser um parente, amigo, vizinho, funcionário etc. O interessante é que, em muitos casos, essa pessoa nem é contratada pela empresa para desenvolver essa função de espionar o concorrente. O faz no momento de comentar voluntariamente sobre aspectos da empresa concorrente.

Mas também há empresas que destinam uma parte de seu orçamento a essa análise de preços e ofertas dos concorrentes: encomendando pesquisas de mercado, contratando profissionais que se destinem a essa busca de dados secundários etc. A internet facilita essa busca de informações.

5. **Em quinto lugar, é preciso selecionar o método de determinação de preços.**

Depois que a empresa analisa a demanda de clientes, os custos internos e os preços dos seus concorrentes, é chegado o momento de se determinar o melhor método para definir o preço de seu produto ou serviço.

Segundo Kotler e Keller (2006), há seis métodos essenciais para se determinar o preço, que são: preço de *markup*, de retorno-alvo, de valor percebido, de valor, de mercado e por leilão/licitação.

❏ **Preço de markup:** adiciona-se um percentual depois que se sabe o custo de cada produto ou serviço. Ex.: tenho uma sorveteria, revendo sorvetes de determinada marca. Assim que recebo essa mercadoria, avalio os custos e a quanto teria que vender utilizando a fórmula a seguir:

$$\text{Custo variável por unidade} = R\$3,00$$
$$\text{Custos fixos} = R\$1000,00$$
$$\text{Venda esperada em unidades} = 1000$$

O custo unitário pode ser calculado com a seguinte fórmula:

$$\text{Custo unitário} = \text{custo variável} + \frac{\text{custo fixo}}{\text{unidades vendidas}} = R\$3,00 + \frac{R\$1000,00}{1000} = R\$4,00$$

Agora vamos imaginar que você queira adicionar um *markup* de 20% sobre as suas vendas. Seu preço de *markup* seria determinado conforme a fórmula a seguir:

$$\text{Preço de } markup = \frac{\text{custo unitário}}{(1 - \text{retorno desejado sobre as vendas})} = \frac{R\$4,00}{1 - 0,2} = R\$5,00$$

Neste exemplo, seriam R$5,00 o valor cobrado por unidade. O preço de *markup* é muito utilizado, principalmente em micro e pequenas empresas. Mas, como os autores apresentam, "qualquer método de determinação de preço que não leve em conta a demanda atual, o valor percebido e a concorrência não levará ao preço ótimo" (KOTLER, KELLER, 2006, p. 441).

Este método somente funcionará se a previsão de unidades vendidas estimadas for alcançada.

É muito usado porque é mais fácil calcular os custos do que a demanda. Porque as empresas acham que assim se calcula o preço justo, a competição por preço se minimiza, e quase todos praticam os mesmos preços. Quando há aumento nas vendas (sazonalidade, por exemplo), se ganha um retorno justo sobre o excedente.

❑ **Preço de retorno-alvo:** é usado para calcular o retorno sobre o investimento (ROI). Quando a empresa quer obter um retorno justo sobre o seu investimento, utiliza o preço de retorno-alvo. Ex.: você abre uma empresa que fabrica peças automotoras, e seu investimento inicial foi de 500 mil reais, e você quer ter um retorno de 30% sobre o investimento.

Neste caso, você usaria a seguinte fórmula para calcular o preço de retorno:

$$\text{Preço de retorno-alvo} = \text{custo unitário} + \frac{\text{retorno desejado} \times \text{capital investido}}{\text{unidades vendidas}}$$

$$= R\$20,00 + \frac{0,30 \times R\$500.000,00}{50.000} = 23,00$$

A estimativa, num primeiro momento, é de vender 50 mil unidades. Mas e se as vendas não chegarem a esse total? Nesse caso, o que você pode fazer é calcular o valor mínimo de peças que precisa vender para recuperar seu investimento. Você usaria a fórmula a seguir para encontrar esse valor mínimo de vendas:

$$\text{Volume ponto de equilíbrio} = \frac{\text{custo fixo}}{(\text{preço} - \text{custo variável})} = \frac{R\$200.000,00}{R\$23,00 - R\$15,00} = 25.000 \text{ unidades}$$

Uma deficiência do preço de retorno-alvo é a não estimativa da elasticidade de preço, dos preços dos concorrentes. Segundo Kotler e Keller (2006, p. 443), "o fabricante precisa levar em conta diferentes preços e estimar seus impactos prováveis sobre o volume de vendas e os lucros". É preciso que o empresário busque alternativas e meios para reduzir tanto os custos fixos quanto os variáveis, porque essas reduções diminuem o número de peças mínimas ao se calcular o ponto de equilíbrio.

❑ **Preço de valor percebido:** é o valor **percebido pelo cliente**. A empresa, neste caso, precisa entregar ao cliente esse valor que é prometido ao cliente, e este, por sua vez, precisa **percebê-lo**. As empresas que trabalham com essa estratégia precisam utilizar-se de outros elementos do composto de marketing para aumentar o valor percebido. Entre os elementos que compõem o valor percebido, destacam-se: a imagem da empresa e do produto, o(s) canal(is) de distribuição, a qualidade do produto, garantia, assistência técnica, atendimento ao cliente e marca da empresa.

Imagine que uma montadora de automóveis use o método de preço de valor percebido e o aplique da seguinte forma:

R$50.000,00	- é o preço do automóvel
R$5.000,00	- preço agregado pela qualidade
R$2.000,00	- preço agregado pela garantia
R$1.000,00	- preço agregado pelo atendimento
R$1.000,00	- preço agregado pelo conforto e design
R$59.000,00	- valor final com preço de valor percebido

Neste caso, a montadora ainda pode oferecer um desconto para a compra à vista, sem colocar em risco o orçamento da empresa.

Muitas empresas trabalham com o preço de valor percebido (ex.: cosméticos, cabeleireiros, confecções, entre outros).

OBSERVAÇÃO = cada cliente potencial perceberá de diferentes maneiras esses preços, dividindo-se em três grupos: compradores orientados para preço (produtos simples e valores reduzidos), para valor (frequentemente inovar nos valores e reafirmá-los de forma agressiva) e os fiéis (construção de relacionamento e proximidade com o cliente) (KOTLER; KELLER, 2006, p. 443).

O Diferencial é oferecer mais valor que o concorrente. O cliente que opta em comprar pelo valor percebido sabe que em longo prazo ganhará, porque os custos operacionais se compensarão ou porque a durabilidade do produto é confiável e ele demorará a ter que adquirir outro exemplar, peça etc.

❏ **Preço com base no valor:** é o caso de empresas que cobram preços relativamente baixos por um produto ou serviço de alta qualidade.

Segundo Kotler e Keller (2006, p. 444):

> A determinação de preços de valor não é uma questão de simplesmente estabelecer preços mais baixos, mas sim de redesenhar as operações da empresa, a fim de reduzir custos, e de baixar significativamente os preços, a fim de atrair um grande número de clientes que dão atenção ao valor.

Outro tipo importante de determinação de preço de valor é a chamada técnica de *preços baixos todos os dias.* No Brasil, empresas que praticam esse tipo de preço de valor são as lojas que vendem produtos a R$2, ou, ainda, as que vendem produtos a R$1. Nesse tipo de loja, o diferencial é o preço, e não a qualidade. Porém, o fluxo de pessoas que circulam nessas lojas é grande, atraídas pelo preço, e sabem que, naquele momento, precisam daquele produto e que, de acordo com a qualidade, o preço é justo.

❏ **Preços de mercado:** as empresas que praticam tais preços se orientam pelos preços praticados pelos concorrentes. Em setores nos quais as grandes empresas são pioneiras e as empresas de pequeno e médio portes encontram brechas para oferecer o mesmo produto, mantêm-se os preços de mercado, com a oferta de pequenos descontos, mas em períodos oportunos, na tentativa de sobrevivência. Tais empresas consideram o preço de mercado uma solução viável em setores em que é difícil calcular estimativas de demanda, e o preço de mercado é aceito como consenso no setor. Praticado no setor de combustíveis e de matérias-primas, como o aço, a celulose, os fertilizantes, entre outros.

❏ **Leilão/Licitação:** com a internet, o leilão e o pregão eletrônico cresceram. Os leilões e pregões, atualmente, são usados até mesmo por empresas que querem eliminar excesso de estoque ou venda de artigos que saíram de moda.

As licitações também são uma categoria para estipular preços, praticados no setor público, em geral.

6. **Em sexto lugar, é o momento de selecionar o preço final.**

    Antes de determinar o preço final, a empresa precisa considerar alguns outros fatores, que são a influência de outros elementos do próprio composto de marketing, as políticas de preços da empresa, os ganhos e riscos inerentes ao processo e o próprio impacto causado pelo preço sobre terceiros.

    ❏ **Influência de outros elementos do próprio composto de marketing**

    O preço final não deve ser definido antes de se levar em consideração a qualidade, o valor agregado, a propaganda necessária à sua divulgação e o preço da marca. No mercado, é comum observar o cliente que compra determinado produto evidenciando atendimento, qualidade, conforto e praticidade, e se estes itens são encontrados em determinado produto, compram-no cientes de que pagam um valor diferencial por esses itens.

    ❏ **As políticas de preços da empresa**

    Há empresas que, em determinados setores, trabalham com a retenção de parte do valor cobrado caso o serviço seja alterado ou cancelado (ex.: hotelaria) ou em taxa adicional, caso haja mudança de data depois de efetuada a compra (ex.: companhias aéreas), ou cobrança de multa, caso o serviço seja cancelado sem aviso prévio (ex.: locadoras).

    ❏ **Os ganhos e os riscos inerentes ao processo**

    Quando os compradores percebem riscos na compra de determinado produto/serviço (comum quando o produto/serviço é lançado no mercado), ou ainda quando se sentem indecisos perante determinada oferta, a empresa pode propor a absorção de parte ou, às vezes, de todo o risco, no caso em que o valor agregado/prometido não seja percebido pelo cliente.

    A venda sob consignação, comum no Brasil, também se encaixa nesta categoria.

❑ **Impacto causado pelo preço sobre terceiros**

Neste caso, a empresa precisa avaliar se o preço final não causará impacto junto aos distribuidores ou revendedores do seu produto/serviço. É importante se questionar se a força de vendas que a empresa detém se responsabilizará/se sentirá confiante em vender o produto/serviço pelo preço determinado. E os concorrentes, como reagirão ao ter conhecimento do preço final do seu produto/serviço? Tudo isso é preciso ser levado em conta na decisão final do preço.

Como os Preços São Adequados?

Em geral, o que as empresas fazem é determinar uma estrutura para preços que também leva em consideração características geográficas, descontos ou concessões e preços diferenciados de acordo com a clientela.

❑ **Preços geográficos:** os preços são diferenciados de acordo com a localização geográfica (países, regiões, estados, bairros, entre outros). No Brasil, esta é uma estratégia quando se tem que atender a clientes que estão em áreas de difícil acesso ou naquelas em que se tem que contar com transporte diferenciado. Esse é um aspecto a se pensar, e, dependendo da empresa, depois de definido o preço final, ainda é possível que seja adequado por questões geográficas.

❑ **Preço com desconto ou concessões:** os descontos ou concessões geralmente são usados para pagamento antecipado, pagamento à vista, compras no atacado ou, ainda, em promoções de época (ex.: liquidação de estoques). Ainda há os descontos funcionais dados a canais de distribuições, se cumprem metas estipuladas pelo fabricante, e as concessões, que são os pagamentos extras efetuados para contar com a participação dos agentes dos canais de marketing em programas especiais (ex.: devolução de estoque antigo na compra de novos artigos). É preciso tomar cuidado com o excesso de descontos ou concessões. Há empresas em que o departamento de vendas decide dar descontos sem consultas prévias a outros setores. Trabalhar com descontos é uma prática comercial, mas oferecer desconto a todo tempo, a todas as empresas, somente para fechar vendas, denota falta de organização e de metas empresariais.

❑ **Preços promocionais:** são técnicas que a empresa utiliza para estimular as vendas a todo o momento. Há algumas técnicas conhecidas, como o: a) **preço isca** (usado em supermercados que oferecem descontos em produtos com marcas conhecidas para aumentar o volume de visitas às suas lojas); b) o **preço de ocasião** (usado em determinadas épocas do ano, de acordo com a área de atuação da empresa. Ex.: volta às aulas); c) **financiamento a baixos juros** (neste caso, em vez de reduzir o preço, a empresa financia o produto ou serviço a juros mais baixos); d) **prazos de pagamento prolongados** (com o longo prazo e maior quantidade de parcelas, o consumidor se preocupa mais com o valor que será pago mês a mês do que com o custo final do produto ou serviço); e) as **garantias ou os contratos de serviços** (já se utiliza da garantia prolongada em muitas lojas para a venda de produtos ou serviços); f) os **preços ou descontos psicológicos** (são os conhecidos preços que terminam com os números 99. Ex.: 3,99. Mas é preciso ter cuidado ao se utilizar esta categoria. Para preços altos, o cliente tem a impressão de estar sendo enganado); e g) o **abatimento em dinheiro** (quando a empresa oferece abatimentos em dinheiro para estimular a venda de seus produtos ou serviços em períodos específicos).

❑ **Preços diferenciados:** são usados por empresas que querem ajustar seus preços determinados previamente para acomodar diferentes clientes, produtos, localidades, entre outros: a) pode ser cobrado um preço diferenciado de acordo com o grau de exigência do cliente; b) pode ser cobrado um valor menor de clientes que compram em maior quantidade (ex: lojas que são atacadistas e varejistas); c) cobra valores diferenciados de diferentes classes de clientes — por segmento de cliente (terceira idade e estudantes pagam menos); versão do produto (preços diferenciados a diferentes versões de um produto — produtos que vendem refil para utilizar partes da embalagem primária); imagem (coloco o mesmo produto em embalagens diferentes, uma maior e outra menor, e cobro preços diferenciados); canal de distribuição (um produto distribuído em restaurante de classe alta sairá mais caro do que um produto distribuído em supermercados); localização (o ingresso para ver um jogo de futebol no camarote é mais caro do que nas arquibancadas); período (ligações de telefones fixos com descontos aos finais de semana ou feriados).

Estratégias para Redução ou Aumento de Preços

Após estipular o preço final, e até ter que adequar seus preços, a empresa terá que administrar, ainda, o aumento ou até mesmo a redução de preços. Num caso de **redução**, é preciso muita cautela para não cair nas ciladas: a) que os clientes suponham uma baixa qualidade do produto ou serviço; b) quando a redução de preços aumenta a participação de mercado, porém não fideliza o cliente, que compra barato não somente da sua empresa, mas de qualquer outra que oferecer o mesmo benefício; c) o concorrente pode reduzir ainda mais o preço por condições estruturais, organizacionais ou financeiras melhores que as de sua empresa.

Mas pode ser que a sua empresa queira *aumentar* os preços. Quando a estratégia é bem-sucedida, pode alavancar os juros da empresa de forma substancial. Mas esse aumento causa um impacto sobre os clientes. Dependendo do setor, o aumento deve constar em contrato, e os usuários devem ser avisados com antecedência. Outra necessidade de aumento de preço é a inflação ou o excesso de demanda.

O profissional da área pode também lidar com custos elevados e excesso de demanda sem aumentar os custos, com iniciativas como reduzir o tamanho e manter o preço, substituir ingredientes por alguns mais baratos, reduzir ou remover serviços adicionais, utilizar material de embalagem diferenciado com preço inferior, reduzir o número de tamanhos e de modelos oferecidos (standard), criar marcas mais baratas, reduzir ou remover características dos produtos para diminuir custos.

Mas caso haja uma reação a essas mudanças nos preços, esta pode ser por conta dos concorrentes, dos clientes, dos distribuidores, dos fornecedores ou até mesmo de organismos públicos. As reações mais comuns são: a) clientes: quando há queda do preço, podem pensar que a qualidade do produto caiu, que a empresa está passando por dificuldades financeiras, será substituído por outro modelo, há problemas com as vendas e aceitação no mercado. Se há aumento, podem assimilar que houve melhora na qualidade do produto, aceitação de mercado, por mais que possa retrair as vendas; b) concorrentes: no caso de redução, podem pensar que a empresa concorrente quer maior participação de mercado e podem reagir baixando o preço ou lançando alternativas para conquistar novos nichos de mercado. No caso de aumento de preço, podem manter o preço atual e tirar vantagem competitiva dessa ocasião; c) os distribuidores precisam ser informados tanto do aumento quanto da redução, para que possam se preparar para responder às estratégias traçadas pela empresa; d) os fornecedores podem se aproveitar do aumento para aumentar suas mercadorias ou matérias-primas; e) o governo pode interferir no aumento de preços com medidas para conter os possíveis desajustes da economia.

E se quem aumenta o preço é o seu concorrente? Como reagir a essas possíveis mudanças? Segundo Kotler e Keller (2006), há cinco estratégias que podem delinear a posição da sua empresa:

- ❏ **Manter o seu preço** porque acredita que pode perder parte do lucro ao reduzir os preços, porque acreditar que não perderá grandes percentuais de participação de mercado ou porque acredita que a qualquer momento pode reconquistar a parcela de mercado-alvo da propaganda e redução de preços da concorrente.

- ❏ **Além de manter o preço, também agrega valor** melhorando o(s) produto(s) ou serviço(s) atual(is), a comunicação e a propaganda. Nesta situação, a empresa decide que ganha mais mantendo o preço e investindo em melhorias do que igualando preços e perdendo margem de lucro.

- ❏ **Reduz o preço** porque sabe que os custos reduzirão com o aumento das vendas. Também tem medo de perder participação de mercado, já que recuperar essa margem é difícil e reduz lucros no longo prazo.

- ❏ **Ao invés de diminuir o preço, decide aumentar** e melhorar a qualidade do seu produto ou serviço, e preparar uma armadilha para o concorrente. Decide lançar novas marcas ou diferenciais e, com investimento em propaganda, incita o consumidor a comprar seu produto, em vez do vendido pelo concorrente. Mas é preciso cuidado ao se trabalhar com essa estratégia.

- ❏ **Lança uma nova linha de produtos ou serviços com preços reduzidos** para que essa linha concorra com os preços reduzidos do concorrente.

Estratégias e Dicas para uma Empresa Formadora de Preços

Agora que você já assistiu aos vídeos e já leu como o marketing define estratégias para o composto de marketing, é chegado o momento de saber que, ao final da primeira década do século XXI, para formar o preço final, você precisa de **informa-**

ção. Lendo cada um dos itens e subitens desta segunda parte, fica claro que, para estipular preços, atualmente, é preciso disposição, lógica, processos claros, informações precisas e conhecimento de seus concorrentes e clientes. Sem esses itens, é difícil pensar em estratégias para empresas formadoras de preços que possam ser diferenciadas neste mercado.

- **Redução de preços:** aparentemente, a redução de preços é fácil de ser feita, mas se alguns cuidados não forem tomados, os clientes que pagaram um preço mais elevado poderão sentir-se prejudicados.

- **Aumento de preços:** na maioria das vezes, tem-se grande dificuldade em fazer com que os consumidores aceitem o aumento de preços.

- **Preços para novos produtos:** antes de lançar um novo produto, procure conhecer o valor percebido pelos clientes. Identifique os pontos de diferenciação com relação aos concorrentes e pergunte a seus clientes se esses atributos os motivariam a comprar a um preço maior (LEONI FILHO, 2002, p. 50-52).

COMPOSTO DE MARKETING: PRAÇA

Nesta parte do Capítulo 4 você conhecerá o terceiro "P" do Composto de Marketing, a **praça**. Há uma visão diversificada por parte dos autores com referência a este terceiro "'P", como você lerá a seguir. Neste subitem recuperaremos o exercício que você desenvolveu no item PRODUTO com a intenção de dar continuidade ao exercício proposto há duas unidades. Nos dois últimos subitens você criou ou propôs diferencial(is) a um produto ou serviços e também fez o levantamento do preço a ser cobrado. Neste subitem você traçará estratégias para a estrutura física da sua empresa (que existe ou que terá que criar).

Antes de apresentar os principais conceitos, quero convidá-lo a refletir sobre os seguintes aspectos:

1. Responda às perguntas a seguir:

    - Se você está desenvolvendo um novo produto ou serviço, como será vendido ou distribuído este produto? Terá uma localização física num ponto comercial da cidade? Alugará uma sala em um edifício comercial? Trabalhará na categoria *home office*?

❏ Se você está traçando diferencial(is) a uma empresa que já existe: como é vendido ou distribuído o seu produto? A empresa está numa área comercial? Aluga uma sala? Existe na categoria *home office*? Qual a aparência/estética? As cores usadas, os móveis, a aparência dos funcionários que recepcionam/recebem os clientes? Há comodidade? Respeita-se a sinalização interna para segurança dos colaboradores?

❏ O que poderia ser melhorado na sua empresa com base nas perguntas anteriores?

Agora que você já respondeu às perguntas, vamos lhe apresentar os principais conceitos e dar o suporte teórico necessário para que possa traçar suas próprias estratégias para **praça** (Caso queira saber mais sobre o tema, acesse o texto "10 erros em um ponto de venda", na seção de leituras complementares, ao final do livro).

Definições e Funções do Terceiro "P"

Quando falamos do terceiro "P" — **praça** —, nos referimos a: a) ponto de venda, o local onde o produto ou serviços é exposto ou oferecido; b) localização da loja física; c) canais de distribuição (que serão tratados no Capítulo 7); d) logística, armazenamento e distribuição (temas que também serão tratados no Capítulo 7).

Neste subitem trataremos do ponto de venda e sua localização. Nos subitens anteriores você pensou estratégias para produto/serviço e também para preços, MAS de nada adianta ter um bom produto/serviço e uma estrutura de preços caso não pense em como comercializar esse produto/serviço. Segundo Las Casas (2001, p. 215), "um bom produto e um preço adequado não são suficientes para assegurar vendas".

Atualmente, muitas empresas ainda fazem a opção por ter a loja física. É importante que você saiba que ter ou não a loja física dependerá da estratégia de composto de marketing para praça.

Outras empresas optam por trabalhar na categoria *home office* e pelo aluguel de salas de reunião. Essa é uma forma de pensar a estratégia de praça dessas empresas. Se a empresa sobrevive nesta categoria, é porque a estratégia pensada é oportuna e essa empresa pode funcionar a partir da residência da pessoa, que necessita de uma sala para reuniões esporádicas.

Outras empresas fizeram a opção por não ter a loja física e vender ou negociar apenas via internet. Trabalham no ramo de comércio eletrônico. Seus compromissos são com a entrega da mercadoria e com a negociação *online*.

Há outras que operam com mais de uma das categorias citadas antes. Porém, quando se fala de ponto de venda e localização, a decisão tomada não é facilmente modificada. Portanto, o planejamento é de extrema importância.

De acordo com Moreira (1990, p. 176):

> As atividades industriais são, de modo geral, fortemente orientadas para o local onde estão os recursos. Matéria-prima, água, energia e mão de obra. As atividades de serviços, sejam públicas ou particulares, orientar-se-ão mais para fatores como proximidade do mercado (clientes), tráfego (facilidades de acesso) e localização dos competidores.

Localização do Negócio

Pensando na loja física, colocar os produtos em locais apropriados à sua compra e exposição, em quantidades demandadas de acordo com a época, a preços estratégicos, é fundamental para que as estratégias de composto de marketing sejam implantadas com êxito. Mas definir essas estratégias nem sempre é uma tarefa simples. Demanda tempo de pesquisa, avaliação, percepção comercial e estratégica. Algumas vezes se fazem necessárias até mesmo adequações nas estratégias empresariais.

O ponto de venda ***deve*** ser um item que ***complementa*** e colabora com a exposição e venda do produto/serviço.

Mesmo um serviço, atualmente já pode ser exposto. Os salões de cabeleireiros inovaram nos últimos anos ao expor o seu serviço àqueles que, ao passar pela calçada, transportes, entre outros, podem ver como é o seu espaço, a disposição, cores, as pessoas trabalhando etc. Isso é promover o serviço no ponto de venda.

Até alguns anos atrás, era complicado pensar na exposição do serviço em um ponto de venda. Com o aumento da concorrência, na busca pelos diferenciais, outras empresas, prestadoras de serviços também descobriram maneiras inovadoras de promover seu serviço no ponto de venda.

Alguns exemplos são os Correios, ao inovar a vestimenta dos carteiros, e as empresas que investem em uniformes diferenciados e aproveitam para promover seu serviço — por meio da aparência de seus colaboradores (o item ponto de venda para serviços será detalhado no Capítulo 6).

Há uma série de cuidados ao adquirir o ponto comercial pensando nas estratégias de marketing que são mencionadas nos itens a seguir:

- ❏ A acessibilidade para os clientes da loja é um tema atual. Um ponto de venda precisa pensar na acessibilidade de pessoas das mais diversas idades e com necessidades especiais. Até então isso não era uma preocupação de grande parte das empresas, mas os tempos mudaram. Os clientes atuais são exigentes. Ter rampa de acesso e recepção especial para pessoas com necessidades visuais ou auditivas é uma necessidade emergente e um diferencial estratégico. Sem dizer que permite a todos o acesso ao mercado. Este é o princípio da empresa orientada ao marketing: **atender às necessidades e desejos do consumidor**. O consumidor portador de necessidades especiais deseja não somente ser atendido, como também entendido (como você verá no Capítulo 8).

- ❏ Que leve em consideração o tráfego (circulação) de pedestres (comércio, indústria e serviço). A empresa que precisa buscar o ponto de venda em locais em que haja a circulação de clientes potenciais do seu produto. Há lojas que se localizam em calçadões comerciais, outras querem que sua loja esteja no interior de um shopping center, e há outras que buscam um ponto de venda em marginais e estradas que interligam cidades. Esse local foi escolhido com base em um planejamento estratégico. Pense que a mudança de endereço físico demandará investimento em propaganda, comunicação interna e externa, entre outras que se façam necessárias.

- ❏ Os concorrentes que estão ao redor — tanto os diretos (aqueles que vendem o mesmo produto/serviço que você) quanto os indiretos (não vendem exatamente o mesmo produto, mas a qualquer momento poderão oferecê-lo). É preciso pensar que o concorrente ao seu redor pensará constantemente em estratégias para conquistar o seu público-alvo. No mercado atual, é muito difícil não ter concorrente. Mas é preciso pensar se quer estar tão próximo a eles. Para algumas empresas, é impossível não estar próximo ao concorrente, por isso a estratégia da localização é importante. Ficar próximo aos concorrentes, mas devido à localização, em ponto de difícil visualização e identificação da sua empresa por parte dos consumidores, demandará estratégias de comunicação e fidelização diferenciadas.

❑ Nas grandes cidades, a facilidade de estacionamento é um diferencial e uma necessidade, dependendo do que será vendido/oferecido ao consumidor final. Muitas vezes a empresa precisa definir se é viável prover a área para estacionamento ou ter parceria com estacionamentos próximos à sua loja. A facilidade de locomoção e os descontos com estacionamentos já não são mais diferenciais, porque muitos o fazem. Chegará um momento em que novas alternativas serão apresentadas ao mercado com respeito à locomoção e comodidade do consumidor final. Um exemplo em supermercados menores é o uso de taxistas para entregar compras que possam ser transportadas num veículo de pequeno porte. Isso oferece ao usuário a rapidez na entrega, o conforto e a opção de o consumidor não depender de agendamento para a entrega da compra.

O Ponto de Venda = Características e a Concretização da Venda Final

Como saber se a loja agradará ao cliente? Que impressão ele terá? Se sentirá atraído para entrar e comprar?

De acordo com analistas do SEBRAE, "colocar-se no lugar do cliente é uma ótima estratégia para analisar o ponto de venda".

É isso mesmo. Se quiser imaginar como o cliente se sentirá, precisará colocar-se no lugar dele. Para isso, precisará ser sincero e não se vangloriar.

O ideal é a contratação de profissionais (da área de arquitetura, decoração, design de interiores, marketing, entre outros) que sejam especialistas em planejar e ambientar espaços físicos. Essa é uma tarefa delicada e merece atenção.

Mas e quando a pessoa não tem o investimento necessário? Além de colocar-se no lugar do cliente, converse com o cliente, peça sugestões de melhorias.

Permita que o cliente opine sobre a aparência interna e externa, sobre a experiência da compra (o contato com os vendedores — porque é nessa fase que também se fideliza um cliente). Mas você precisará do bom senso e da aceitação das sugestões como propostas de melhorias, e não como críticas — para ponderar o que é possível e a viabilidade de execução dessas melhorias.

O que leva o cliente a entrar no ponto de venda é, em muitos casos, a aparência física (a visualização externa, vitrines, descontos, a harmonia que prende a atenção do cliente). Em seguida, ele analisará a acessibilidade, estacionamento, seguranças, bem como os produtos ou serviços ofertados, e comparará o seu produto/serviço com o dos concorrentes.

Num segundo momento, quando se encontrar no ambiente interno, o cliente levará em consideração a ambientação, iluminação, as cores, se há música ambiente — avaliará a música —, os odores, se são agradáveis, prestará atenção no layout, em como os displays estão distribuídos, nas prateleiras, conforto interno (como bancos), se o espaço foi bem aproveitado e se a organização o ajuda a encontrar o que busca. A sinalização interna para encontrar preços e promoções também serão avaliados.

Em seguida, o cliente terá contato com as pessoas que trabalham no ponto de venda. O contato com os vendedores é fundamental. Lembre-se do que estudamos no segundo capítulo, das orientações clássicas do marketing, porque muitas pessoas compram ou não de acordo com a abordagem recebida. As pessoas não suportam ser incomodadas, abordadas e que alguém as vigie. Deixe-as observarem. A abordagem deverá transmitir educação, respeito, boa apresentação, liberdade ao cliente para que ele possa decidir. O ato de não comprar algo não significa que houve falhas na venda.

Se a pessoa decidiu levar algo, é momento de encerrar a compra: realizar o cadastro necessário, em caso de financiamento, ou na busca por traçar o perfil do cliente, oferecer outras possibilidades de sorteios, promoções, cartões como os de fidelidade.

Outro detalhe importantíssimo é o pós-venda. Muitas empresas trabalham como ações de mala direta, cartões para datas festivas, descontos em datas especiais, avisos de promoções e descontos para captação de novos clientes.

Outros Fatores que Influenciam nas Estratégias do "P" de Praça

Em primeiro lugar, é preciso analisar as variáveis microambientais e seus reflexos sobre a localização escolhida. Neste caso, a ênfase é dada à relação com os órgãos públicos municipais, que também são necessários no momento de decidir a localização da empresa. Há municípios que oferecem abatimento em impostos, parcerias com empresas que chegam à cidade. Por parte da empresa, também é importante observar o que a cidade oferece de serviços públicos às empresas e aos seus moradores, tais como educação, saneamento básico, segurança, saúde, moradia, entre outros.

Em segundo lugar, as variáveis macroambientais também precisam ser analisadas no momento de se definir a localização da empresa. Atualmente, regiões estratégicas são prejudicadas por conta das variáveis naturais (ex.: enchentes), que, como visto no Capítulo 3, são incontroláveis, então é importante realizar uma pesquisa sobre possíveis problemas causados por conta dos fatores macroambientais na região em que pretende fixar sua empresa.

Os conceitos macro e microambientais são fundamentais no momento de decidir a escolha da localização da empresa

COMPOSTO DE MARKETING: PROMOÇÃO

Geralmente, este é o "P" que mais desperta interesse nos alunos, porque estes se identificam muito com a promoção, por ser algo a que estamos expostos diariamente, mas não temos o conhecimento para analisá-lo em maior profundidade.

Este item do composto de marketing também é de grande importância, pois representa a comunicação da empresa com os públicos interno e externo, que busca divulgar seu produto ou serviço.

A comunicação com o mercado contempla diversos níveis. O ideal é que seja segmentada e direcionada ao público específico que se quer alcançar. É por meio da comunicação que a empresa se apresenta e informa aos compradores sua existência, seu produto ou serviço e seus diferenciais.

Neste subitem você compreenderá que a promoção do composto não pode ser confundida com descontos e promoção de vendas, pois a promoção é mais ampla e representa toda a ação de comunicação integrada com as várias áreas do marketing e da comunicação.

A comunicação é um problema presente em muitas instituições. Você, quando era pequeno, chegou a brincar de telefone de lata? Usávamos duas latas, as furávamos e as uníamos por um barbante, como na figura, depois tomávamos distância relativa e começávamos a conversar com a outra pessoa. Às vezes não dava para entender o que a outra pessoa falava, ou entendíamos outra coisa, totalmente diferente, e, naquele momento, o processo de comunicação falhava, porque uma das pessoas não entendia o que a outra tinha falado. O mesmo acontece no processo comunicacional.

Então, antes de prosseguir, apreenda a seguinte informação: a promoção de marketing não pode ser confundida com a propaganda, a publicidade e a promoção de vendas, porque estes itens, como você notará, são **elementos** da promoção de marketing.

FIGURA 8 — EMISSOR E RECEPTOR

O processo comunicacional é de suma importância para que você compreenda como se dá a comunicação no marketing. Há alguns elementos envolvidos nesse processo: temos o emissor, que é quem busca informações em uma ou mais fontes e a transmite até que estas cheguem ao receptor; o receptor, por sua vez, emite uma resposta, ou um retorno ao seu emissor. Mas, como no caso do telefone de latas, nesse processo é possível que aconteçam ruídos, que distorcem a recepção ou o entendimento da mensagem.

FIGURA 9 — PROCESSO COMUNICACIONAL

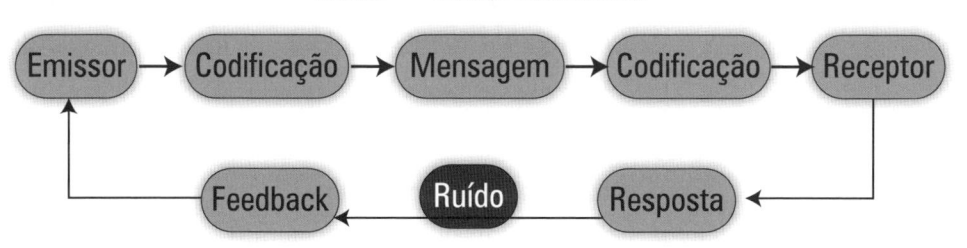

Emissor → Codificação → Mensagem → Codificação → Receptor

Feedback ← Ruído ← Resposta

FONTE: ELABORADO PELA AUTORA A PARTIR DO EXPOSTO NO LIVRO DE KOTLER E ARMSTRONG (2007, P. 361).

Apresento a seguir cada um dos elementos em detalhe, para melhor apreensão dos conceitos.

- **Emissor:** é a fonte da mensagem. No caso do marketing, é a empresa, que, por meio de um departamento ou pessoa, se comunica com seu público-alvo.

- **Codificação:** é o processo de "tradução" da ideia, ou propósito da empresa (por meio de um setor ou pessoa) em forma de campanhas de propaganda, publicidade, merchandising, relações públicas ou promoção de vendas em busca de posicionamento no mercado.

- **Mensagem:** é um anúncio com o texto, as imagens e todos os recursos comunicacionais que são passados através de um meio ou mídia.

- **Decodificação:** é a interpretação da mensagem pelo receptor, que, de acordo com sua vivência, experiência e conhecimentos adquiridos, seleciona o que lhe interessa e o que não interessa, de acordo com seus valores, crenças e atitudes.

- **Receptor:** é o público real ou potencial ao qual a mensagem foi destinada.

- **Resposta:** são as reações do público real ou potencial após a veiculação da mensagem.

- **Feedback ou retorno:** é a mensagem emitida pelo receptor de volta à fonte.

- **Ruído:** são as interferências que podem ocorrer durante o processo comunicacional e prejudicar ou distorcer a recepção e entendimento da mensagem inicial.

O detalhamento do processo comunicacional permite uma percepção mais aguçada da importância de cada um dos elementos. Esses elementos são interdependentes, e se houver falhas ou ruídos nesse processo, ainda teremos interferência no entendimento da mensagem.

Por isso, muitas empresas têm um imenso cuidado ao se reportarem ao seu público real ou potencial por meio das mídias (impressas, auditivas ou digitais), pois sua imagem pode ser prejudicada.

Dessa forma, é possível resumir que a comunicação por meio do composto promocional representa a "voz e os ouvidos" da empresa, pois é imprescindível que a empresa apresente e divulgue seus produtos ou serviços, suas ações e estratégias ao público real e potencial.

Também é preciso que a empresa esteja preparada e que saiba escutar o que o consumidor tem a dizer, seja em forma de reclamações no SAC (Serviço de Atendimento ao Consumidor) ou de resposta positiva, comprando e indicando o produto ou serviço.

Definições e Funções do Quarto "P"

A promoção de marketing tem diferentes denominações, tais como composto promocional, mix de comunicação, mix de promoção, comunicação integrada ou simplesmente promoção.

Elementos do Composto Promocional

Apresentarei os principais elementos do composto promocional e, por conseguinte, cada um dos elementos da comunicação da empresa: propaganda, publicidade, promoção de vendas, marketing direto, venda pessoal e relações públicas.

Propaganda

Há diversidade de pensamento entre técnicos e acadêmicos. Há um grupo que defende que propaganda é todo tipo de veiculação paga. Já outro grupo defende que a propaganda é toda mensagem que tem o objetivo de persuasão

Vamos começar analisando dois conceitos de propaganda. Para Cobra (2009, p. 292), "a propaganda é uma veiculação paga de uma campanha de um anunciante que visa persuadir as pessoas a comprarem seus produtos e/ou serviços". Já para os autores Kotler e Keller (2006, p. 566), a propaganda "é qualquer forma paga de apresentação não pessoal e promocional de ideias, bens ou serviços por um patrocinador identificado".

Cobra (2009) usa o termo "persuadir" em seu conceito. Este é um autor brasileiro e que representa um pouco do conceito de como o país trata a propaganda. Já Kotler e Keller (2006, p. 566) citam um trecho de uma palestra de Jim Stengel, um dos CMO da história da Procter & Gamble, em que este enfatiza que "Todo marketing deveria ser marketing de permissão. Todo marketing deveria ser tão atraente a ponto de os consumidores o desejarem em sua vida. O modelo tradicional de marketing está obsoleto".

Em outras palavras, a empresa precisa entender que a propaganda serve para propagar uma informação, divulgar um produto ou serviço, e não ser um meio para despertar sensações que não serão satisfeitas com o produto ou serviço, ou ainda para encobrir ações não éticas.

A propaganda pode ser veiculada em diversas mídias, como televisão, jornal, revista, rádio, internet, outdoors, indoors, entre outros.

Para Kotler e Keller (2006, p. 532):

> O marketing moderno exige mais do que desenvolver um bom produto a um preço atraente e torná-lo acessível. As empresas precisam também se comunicar com as partes interessadas atuais e potenciais e com o público em geral. Para a maioria das empresas, o problema não é comunicar, e sim, o que dizer, como dizer, para quem dizer e com que frequência dizer.

Geralmente as empresas contratam uma agência externa para cuidar das ações de propaganda. As propagandas podem ser informativas, persuasivas, de lembrança ou de reforço. As cinco principais decisões de propaganda são: Missão (quais são os objetivos da propaganda); Moeda (quanto investir); Mensagem (o que deve ser transmitido) e Mensuração (como os resultados e impactos serão avaliados), essas cinco decisões são conhecidas como os 5 M´s da propaganda. Cada estágio do ciclo de vida do produto demandará estratégias diferenciadas de comunicação.

Publicidade

Os alunos confundem publicidade com propaganda e, comumente, acreditam que são sinônimos. Mas não são. De acordo com Gomes (2001), a falta de pesquisa rigorosa na área é que permitiu a confusão semântica no uso dos termos "propaganda" e "publicidade" ao longo do tempo até hoje. A autora ressalta que, por conta desse "comodismo", o Brasil é o único país no qual os termos são, muitas vezes, tratados como sinônimos.

Aqui também é importante apresentar a distinção do uso do termo entre técnicos e acadêmicos. Para um grupo, publicidade é uma forma não paga de divulgação dos produtos ou serviços. Portanto, a publicidade divulga a marca ou produto de forma espontânea, na mídia. Muitas vezes as marcas, produtos ou serviços são comentados ou fotografados e apresentados nos mais variados meios sem que ninguém faça o pagamento por aquela propagação. Isso é publicidade. Ela pode ser espontânea ou conquistada por intermédio de profissionais de relações públicas ou assessoria de imprensa.

Já o outro grupo defende que publicidade é a divulgação de informações, de caráter comercial, de força persuasiva e capacidade informativa e comunicativa (GOMES, 2001). Neste caso, os denominados condicionantes técnicos da publicidade são três: que haja um produto ou serviço; que se pense no planejamento, criação e produção do anúncio ou campanha que será veiculado para divulgar a apresentar o produto ou serviço aos consumidores potenciais; esses anúncios e veiculações serão pagos pela empresa ou patrocinadores (GOMES, 2001).

Promoção de Vendas

De acordo com Kotler e Keller (2006, p. 583), a promoção de vendas consiste "em um conjunto de ferramentas de incentivo, a maioria de curto prazo, projetadas para estimular a compra mais rápida ou em maior quantidade de produtos ou serviços específicos por parte do consumidor ou do comércio".

A função da promoção de vendas é fazer com que o comprador vá até o ponto de venda para efetuar a compra. Kotler e Keller (2006) afirmam, ainda, que o diferencial da promoção de vendas é o *incentivo*, que pode acontecer por meio de:

- promoção de consumo (amostras, cupons, reembolso, descontos, brindes, prêmios, recompensas, testes gratuitos, garantias, promoções combinadas, promoções cruzadas, displays de ponto de venda e demonstrações, leve três e pague dois, degustação, entre outros);

- promoção de comércio (descontos, concessões de propaganda, bonificações por exposição e amostras grátis, entre outros);

- promoção setorial e para a equipe de vendas (feiras comerciais e convenções, concursos para vendedores, propaganda dirigida, entre outros).

A promoção de vendas contribui para o aumento das vendas a curto prazo, principalmente porque os brasileiros, entre os quais me incluo, amam promoções de venda e participam dessas ações continuamente.

Essas promoções geralmente têm como principal intenção apresentar um novo produto no mercado, diminuir estoques, movimentar o mercado, gerar capital de giro etc.

O merchandising é reconhecido por alguns profissionais de marketing como um dos itens que compõem a promoção de vendas, como é o caso de Douglas Murdocco, ex-diretor de Merchandising da Rede Globo, com quem tive a oportunidade de ter aulas na graduação. Por que ele defendia essa tese? Porque o merchandising é a exposição do produto em uma situação em que o consumidor vê outra pessoa, geralmente uma personalidade, consumindo o produto de maneira desinteressada, numa atividade corriqueira. Essa técnica é muito utilizada em novelas, filmes, seriados etc. Por esse motivo, funciona como um incentivo que leva o consumidor a comprar ou consumir e/ou usar o produto ou serviço, por se identificar com ele a partir da experiência do outro.

Há outros profissionais que definem o merchandising como a promoção realizada no ponto de venda, e não a ação que exibe produtos em filmes, novelas ou qualquer outro contexto de interação e exposição, no qual a rejeição à mensagem publicitária pode ser minimizada (HILLER, 2016). O site Universo dos Negócios e o autor Hiller (2016) defendem que, na verdade, o que se chama convencionalmente de merchandising no Brasil é o Product Placement, que vem a ser uma estratégia de marketing indireto.

Marketing Direto

O marketing direto acontece por meio da venda direta e tem como objetivo estabelecer um contato direto e duradouro com seus consumidores. A chave da estratégia é desenvolver um relacionamento na base da confiança mútua e uma interação com o cliente no ambiente que lhe convém.

Há muitas marcas conceituadas no mercado de varejo que utilizam esse modelo de marketing direto, com o qual obtêm enorme sucesso com sua venda de catálogo e, muitas vezes, com a visita de consultores à residência, que facilitam a oportunidade de ter contato com o produto ou serviço antes da compra final.

Como forma de divulgação dos serviços, neste item do composto promocional são utilizados recursos como a mala direta, os folhetos personalizados enviados via correio, o telemarketing, o e-mail marketing, a interação via internet, entre outros.

Relações Públicas

Primeiramente, é importante diferenciar relações públicas de relações públicas de marketing. Kotler e Keller (2006, p. 593) esclarecem que:

> Um **público** é qualquer grupo que tenha um interesse real ou potencial na empresa, ou que possa ter impacto em sua capacidade de atingir seus objetivos. As **relações públicas (RP)** envolvem uma série de programas desenvolvidos para promover ou proteger a imagem de uma empresa ou de seus produtos em particular [grifo dos autores].

As relações públicas são importantes porque a empresa precisa se comunicar de maneira construtiva com seus consumidores, fornecedores, revendedores e outros públicos interessados, como é o caso dos clientes em potencial.

As principais funções do setor de relações públicas é auxiliar a empresa a tomar medidas sensatas, administrando as relações desta com a sociedade, e monitorar as atitudes dos diversos públicos que atuam no ambiente empresarial, divulgando boletins e informativos com a intenção de construir um bom relacionamento com os públicos interno e externo.

Para cumprir suas funções, um setor de relações públicas mantém relações com a imprensa, realiza a publicidade de produtos, trabalha a comunicação corporativa, faz o lobby e as relações interinstitucionais e o aconselhamento da alta gerência, evitando problemas públicos e publicidade negativa.

Já as relações públicas de marketing atendem especificamente às necessidades, anseios e expectativas deste setor, indo além da divulgação e tendo destaque em funções como apoio no lançamento de produtos e no reposicionamento de um produto maduro, na captação de interesse por categorias de produtos ou serviços, como influência sobre grupos-alvo específicos, na defesa de produtos ou serviços que enfrentam problemas públicos e demanda indesejada e na construção de uma imagem corporativa que reflita positivamente a favor dos produtos ou serviços prestados.

4.3. ATIVIDADE DE AUTOAVALIAÇÃO

1. Outra tarefa importante do profissional de marketing é a análise do ciclo de vida, dos níveis do produto e da matriz BCG. Para praticar esses conceitos, agora você preparará uma análise da seguinte forma:

    a) Para analisar o ciclo de vida, você pode escolher um produto de sua preferência. Informe em que ciclo se encontra e justifique a resposta.

    b) Na análise dos níveis do produto, você pode usar o mesmo do item anterior, justificando suas respostas.

    c) Na construção da matriz BCG, você precisará eleger uma empresa e colocar na matriz os produtos que ela oferece ao mercado. Também é importante que justifique suas respostas.

2. Vá ao supermercado em que compra frequentemente com a finalidade de analisar preços praticados. Escolha três produtos (um de higiene pessoal, um

alimentício, uma bebida) entre todos os que estarão em exposição e analise a composição do preço final (mencionando quais as etapas).

3. Visite sites de hotéis ou pousadas, escolha três empreendimentos (um classe alta, um classe média-alta e um classe baixa), confira a lista de preços e, assim como no exercício anterior, analise a composição do preço final (mencionando as etapas de precificação)

    OBS.: Essas respostas serão aproveitadas EM SALA DE AULA para debates.

    Escolha uma empresa que esteja próxima da sua casa, trabalho, estudo etc. na qual NUNCA entrou antes.

4. Faça o exercício de analisá-la (produto ou serviço):

    a) aparência física

    b) ambientação interna

    c) atendimento (poderá analisar também as opções de pagamento)

5. Também faça sugestões de melhorias a esta loja.

6. Escolha uma empresa que você conhece, em que você compre com frequência. Com base no conteúdo apresentado no item *Conceitos*, reflita sobre o que faz você comprar nessa loja.

    Faça também uma análise da:

    a) aparência física

    b) ambientação interna

    c) atendimento (poderá analisar também as opções de pagamento)

7. Também faça sugestões de melhorias a essa loja. Analise uma empresa que conhece e que passa por problemas causados por variáveis macro ou microambientais. Que sugestões de melhorias você propõe a essa empresa?

8. Escolha um produto ou serviço de sua preferência. Monte uma estratégia de comunicação e divulgação para esse produto utilizando um ou mais elementos do composto promocional.

Capítulo 5
ANÁLISE DA CONCORRÊNCIA

> **Objetivos do Capítulo:**
> ❏ Aprender sobre forças competitivas, identificação de concorrentes, conceitos de concorrência e estratégias competitivas.
>
> **Competências:**
> ❏ Realizar análise dos concorrentes e identificar concorrentes diretos e indiretos, pensando estratégias de diferenciação.
>
> **Habilidades:**
> ❏ Aplicar a diferenciação entre empresas centradas no concorrente e centradas no cliente, trabalhando com as estratégias de acordo com o mercado em que atua.

5.1. INTRODUÇÃO

Muitas empresas fecham as portas antes dos cinco anos de vida, segundo dados divulgados pelo SEBRAE, e os motivos são vários. Mas um deles é ter desmerecido o potencial do concorrente ou não conhecê-lo, e não esperar que outros concorrentes entrassem e disputassem o mercado promissor.

Outras vezes a empresa, mesmo consolidada, desmerece o potencial do concorrente de menor porte, seja este um concorrente direto ou indireto, e quando se dá conta, é tarde demais e perdeu o mercado para outra marca ou grupo.

Toda empresa precisa estar atenta aos seus concorrentes diretos e aos indiretos também, porque estes podem, a qualquer momento, passar a oferecer o mesmo serviço, ou um que seja mais atrativo ou rentável.

A análise periódica da concorrência é uma atividade que faz parte da rotina do profissional de marketing, pois, ao querer traçar e implementar as melhores ações para alcançar o posicionamento de mercado esperado, em mercados competitivos, não há como fazê-lo sem a análise dos concorrentes.

5.2. CONCEITOS

Forças Competitivas

O autor Michael Porter (1986) identificou cinco forças que são intrínsecas e possíveis de serem identificadas no longo prazo: concorrentes do setor, novos concorrentes, substitutos, compradores e fornecedores. Kotler e Keller (2006) retratam que essas forças atuam no marketing da seguinte forma:

- **Ameaça de rivalidade intensa no segmento:** é o caso de segmentos com muitos concorrentes bem posicionados no mercado, que usam estratégias agressivas, com intenção de continuar no ramo a longo prazo. Esse é um campo em que é oneroso sobreviver e continuar lutando por diferenciação. Geralmente muitos empreendedores evitarão esses segmentos devido às barreiras, aos custos fixos, que são altos, e às estratégias de marketing, que são voltadas à guerra de preços.

- **Ameaça de novos concorrentes:** as empresas deveriam observar a dificuldade de entrada e saída de um segmento. As barreiras na entrada são atraentes pelo retorno esperado, já a barreira na saída eleva o risco. Quando a entrada é facilitada, assim como a saída, as empresas entram e saem quando querem, mas achatam os ganhos para todos os que atuam no setor.

- **Ameaça de produtos substitutos:** a entrada no segmento quando se identificam substitutos (produtos ou serviços), pois em longo prazo há a incerteza de que o produto se torne obsoleto e os ganhos caiam, principalmente se houver muitos concorrentes no setor.

- **Ameaça do poder de barganha dos compradores:** a pouca diferenciação, pequena margem de diferença de preços, quando os compradores procuram ofertas, quando os compradores são insensíveis a marcas, a possibilidade de se diferenciar dos concorrentes diminui, e esse ambiente pede estratégias de precificação de sobrevivência.

- **Ameaça do poder de barganha dos fornecedores:** em setores com poucos fornecedores ou cujos produtos e serviços demandam conhecimento especializado, a necessidade é de se pensar em estratégias em que todos saiam ganhando, senão o poder de negociação sempre será do fornecedor.

IDENTIFICAÇÃO DOS CONCORRENTES

Com o avanço da tecnologia, não é tão simples assim identificar os concorrentes indiretos, como afirmam os autores Kotler e Keller (2006). Muitas lojas físicas tiveram como concorrentes empresas virtuais que nem ofereciam o mesmo produto quando começaram a operar, mas que, com a diversificação de produtos ou serviços, acabaram afetando outras empresas.

É comum que o comprador visite a loja física para conferir especificidades dos produtos, testá-los e depois comprá-los da mesma loja no ambiente virtual, pela praticidade, formas de pagamento, rapidez na entrega, descontos, preços mais baixos etc.

Pela abordagem de mercado, "concorrentes são empresas que atendem às mesmas necessidades dos clientes" (KOTLER; KELLER, 2006, p. 340). E o conceito de competição de mercado abre possibilidades de análises tanto para os concorrentes reais quanto os potenciais.

Sobre o perfil estratégico desses concorrentes, eles poderão ser: monopólio (apenas uma empresa oferece o serviço ou produto); oligopólio (pequena quantidade de empresas atuando no mercado); concorrência monopolista (os pioneiros ou os que conseguiram se diferenciar atuam no mercado com preço premium e dificultando a valorização de outras empresas por parte dos compradores); concorrência pura (muitos concorrentes atuando no setor, sem diferenciação de preços).

ANÁLISE DOS CONCORRENTES

Depois de identificar os concorrentes, é importante realizar uma pesquisa detalhada para obter informações sobre suas estratégias, objetivos, forças e fraquezas. A internet traz muitas informações sobre as empresas, assim como seus sites são uma fonte de informações, há o contato direto com a empresa, bem como o histórico de reclamações que a empresa possa ter no ReclameAqui ou Procon.

Quando se estuda a estratégia da empresa concorrente, o objetivo é entender a que grupo estratégico esta pertence, criando um mapa com os principais concorrentes diretos ou indiretos, reais e potenciais.

Para traçar os objetivos dos concorrentes, busque respostas para a seguinte pergunta: o que essa empresa está buscando no mercado? O que impulsiona a empresa a agir dessa forma? Consigo traçar uma parceria com essa empresa e valorizar o princípio de coopetição?

Em território brasileiro, a maioria das empresas se esforça para maximizar os lucros (curto, médio e longo prazo), mas outras hipóteses não podem ser destacadas, como conquistar novos nichos de mercado, aumentar a participação regional ou nacional ou ser líder em tecnologia ou em atendimento personalizado. Mas todas essas hipóteses também derivam da primeira.

Quando for mapear forças e fraquezas do concorrente, você precisará estar atento (a) à participação de mercado; *share of mind* (percentual de clientes que mencionam a marca do concorrente quando lhe perguntam qual o nome da primeira que vem à mente naquele segmento); participação de preferência (*share of heart*) (percentual de clientes que mencionariam o concorrente quando questionados sobre qual empresa prefeririam comprar o produto ou serviço).

Outra possibilidade é realizar uma análise SWOT no microambiente para sua empresa e as concorrentes identificando pontos fortes e pontos fracos e, em seguida, destacar as vantagens competitivas de cada uma e as possíveis melhorias para aumento da pontuação da sua empresa, mencionando concorrentes distantes e próximos, bons e maus.

Estratégias Competitivas

Aqui é o momento de o gestor de marketing decidir, entre as tantas alternativas, como enfrentará a concorrência, qual o diferencial do produto ou serviço, e decidir se vai optar por:

- ❏ **Expansão do mercado total:** quando se opta pela expansão, o foco será em novos usuários ou em maior utilização do produto ou serviço? Neste caso, a empresa está preparada para atender à demanda?

❑ **Defesa da participação de mercado:** geralmente esta estratégia demanda inovação contínua, combinada com políticas de desempenho excepcional, sistema de distribuição abrangente e eficaz, serviço de qualidade superior, estratégia de linha completa (compram tudo o que precisam da mesma empresa) e boas condições de financiamento ou pagamento. A defesa pode ser, ainda, de posição atual, de flanco (fortalecer áreas vulneráveis), antecipada, contraofensiva, móvel (conquistando novos territórios) e por retração (retirada estratégica de parte do segmento do mercado).

❑ **Expansão da participação de mercado:** é importante deixar claro que, muitas vezes, a expansão não aumenta a lucratividade, principalmente no setor de serviços, que demandará contratação de pessoal, treinamento etc. Por isso o aspecto econômico precisa ser avaliado antes da decisão.

OUTRAS POSSIBILIDADES DE ESTRATÉGIAS

Essas estratégias competitivas são pensadas especialmente para as empresas que não são líderes no segmento em que atuam, mas que podem vir a ser.

❑ **Estratégias de desafiante de mercado:** são empresas que se encontram um escalão abaixo da líder e querem assumir a liderança no setor. As estratégias nesta situação envolvem a definição dos objetivos estratégicos e dos oponentes. A empresa oponente terá que definir quem atacar: a líder de mercado, empresas de porte semelhante e com poucos recursos ou empresas locais e regionais.

❑ **Seleção de uma estratégia de ataque:** cinco são as principais estratégias de ataque: frontal, flanco (vulnerabilidades), cerco (conquistar parte importante do mercado concorrente), *by-pass* (começa dos mercados mais fáceis para ampliar margem de recursos), guerrilha (pequenas ações intermitentes para desmoralizar o concorrente).

❑ **Seleção de uma estratégia de ataque específica:** dentro da seleção anterior, é preciso optar por ações específicas, entre elas destacam-se: desconto no preço, produtos mais baratos, produtos e serviços bons e baratos, produtos de prestígio, proliferação do produto, inovação do produto, melhores serviços, inovação na distribuição, redução dos custos da produção, promoção e propagandas intensivas.

❑ **Estratégia de seguidora de mercado:** muitas empresas preferem seguir a empresa líder a desafiá-la. Neste sentido, as estratégias são: falsificação, clonagem, imitação ou adaptação. O que uma empresa pode ganhar com isso? Talvez menos que a líder. Será? Cada empresa seguidora tem sua estratégia de sobrevivência.

❑ **Estratégias de ocupante de nichos de mercado:** optam por seguir a líder de mercado nacional ou mundial e não serem referenciais em nichos específicos de mercado. A estratégia é ser referência em vários nichos, para não correr riscos a longo prazo.

O grande desafio do gestor de marketing é saber se atuará com atenção centrada no concorrente, no cliente ou em ambos. Quando a empresa se foca apenas no concorrente, acaba não tendo espaço para formular suas próprias estratégias e está sempre na defensiva. Quando o foco é centrado no cliente, a inovação flui com maior facilidade. No entanto, também é preciso estar atento ao concorrente para transformar, a partir das estratégias dele, o diferencial da sua empresa. O desafio é o equilíbrio.

5.3. ATIVIDADE DE AUTOAVALIAÇÃO

Faça uma listagem dos pontos fortes e fracos da sua empresa e do concorrente. Em seguida, tire dessa lista vantagens competitivas e dê para elas uma pontuação. Depois trace estratégias com base no conteúdo deste capítulo.

	SUA EMPRESA	CONCORRENTE A	CONCORRENTE B
PONTOS FORTES			
PONTOS FRACOS			

CONCEITO	EXCELENTE	ÓTIMO	BOM	REGULAR	RUIM	NÃO TEM
PONTUAÇÃO	5	4	3	2	1	0

VANTAGEM COMPETITIVA	SEU PROD./SERVIÇO	CONCORRENTE A	CONCORRENTE B

ESTRATÉGIAS DE MELHORIAS A PARTIR DA PONTUAÇÃO RECEBIDA	SEU PROD./SERVIÇO	CONCORRENTE A	CONCORRENTE B

Capítulo 6
MARKETING DE SERVIÇOS

> **Objetivos do Capítulo:**
> ❑ Apresentar o marketing de serviços, suas especificidades e seus 7 Ps.
>
> **Competências:**
> ❑ Elaborar estratégias utilizando-se dos conceitos do marketing de serviços.
>
> **Habilidades:**
> ❑ Saber executar as estratégias de marketing de serviços para tangíveis e intangíveis.

6.1. INTRODUÇÃO

No Capítulo 4 você estudou o composto de marketing (os conhecidos 4 Ps de marketing). O composto apresentado, em muitos aspectos, é direcionado a produtos.

Mas o setor de serviços também precisa da atenção dos profissionais de marketing, pois é um setor que cresceu de maneira surpreendente nos últimos anos. Atualmente é o setor que mais oferece postos de trabalho.

Especialistas mencionam, ainda, que muitas das profissões do futuro serão criadas no setor de serviços. Então, perante tal magnitude e poder de crescimento, muitos autores começam a analisar e dedicar atenção especial ao setor de serviços. No marketing não poderia ser diferente. O marketing de serviços é responsável por pensar estratégias direcionadas a esse setor, estudando suas especificidades.

Mas o setor de serviços se depara muitas vezes com <u>três peças fundamentais para a *performance* do serviço</u>: o colaborador, o cliente e a empresa que presta o serviço.

O colaborador é essencial na execução de um serviço. Já os clientes atualmente são muito exigentes, e um serviço de qualidade é um dos fatores para a retenção deles. Mas a empresa também tem papel fundamental na oferta de um serviço de qualidade.

Por esse motivo, neste capítulo veremos um composto de marketing que é pensado exclusivamente para o marketing de serviços, e estratégias que facilitarão uma tomada de decisão ou mudanças empresariais para a melhoria do serviço prestado pela empresa.

6.2. CONCEITOS

Os serviços se caracterizam como uma transação que pode ser realizada por uma empresa ou por um indivíduo e cujo objetivo final **não está associado à transferência física de um bem**. Ou seja, o serviço pode ser definido como um bem **intangível** (você não conseguirá tocá-lo, mas poderá percebê-lo), e sua execução pode ou não estar ligada ao dinheiro.

Pense que você está planejando suas férias: você comprou uma passagem de avião, reservou hospedagem em um hotel, fechou um pacote com vários passeios na cidade que visitará e contratou o transfer que o levará até o aeroporto.

Pare e analise: você só saberá se o serviço prestado será de qualidade quando chegar para embarcar, quando chegar para se hospedar no hotel, quando chegar o dia dos passeios contratados e quando utilizar o traslado. Atualmente temos muitas formas de nos anteceder e buscar bons serviços, **mas só isso não garante a satisfação. A satisfação com o serviço acontece no momento em que o cliente o utiliza.**

As empresas que trabalham com produtos tangíveis, com tudo aquilo que podemos tocar (como roupas, calçados, móveis, carros etc.), também têm investido muito em serviços. Neste caso, os serviços são usados para agregar valor, para se diferenciar perante a concorrência. Os serviços são inseridos na qualidade do produto oferecido, no atendimento ao cliente, na garantia, na amabilidade do vendedor, na apresentação de designs diferenciados e marcas fortes. Tudo isso não podemos tocar, por isso são intangíveis e aumentam o valor do produto final, é claro!

Pense que você comprou uma cadeira nova. Nessa cadeira, você pode tocar o assento, o encosto etc, e ao se sentar, você sentirá o conforto, a comodidade, a qualidade — *o conforto, a qualidade e a comodidade você não consegue tocar, mas sentir, sim*!

No exemplo citado, a indústria de cadeiras encontrou, por meio do intangível, atributos para se diferenciar nesse competitivo mercado.

Por isso Rathmell (apud LAS CASAS, 2000, p. 15) "considera bem alguma coisa — um objeto, um artigo, um artefato ou um material — e serviço como um ato, uma ação, um esforço, um desempenho".

E para as autoras Zeithaml e Bitner (2003, p. 28), "de maneira simplificada, **serviços** são ações, processos e atuações" [grifo nosso].

Portanto, o **marketing de serviços** pode ser definido como um conjunto de atividades que objetivam a análise, o planejamento, a implementação, o controle e avaliação de programas destinados a obter e servir à demanda por produtos e serviços, de forma adequada, atendendo a desejos e necessidades dos consumidores ou usuários com satisfação, qualidade e lucratividade (LAS CASAS, 2000).

Especificidades dos Serviços

Há diferenças importantes que precisam ser apresentadas e detalhadas com relação aos serviços quando comparados aos bens. Os serviços têm como especificidades a intangibilidade, a perecibilidade, a heterogeneidade e a simultaneidade. A seguir olharemos cada uma dessas características para assimilar melhor os conceitos.

Intangibilidade

No princípio da intangibilidade, o que se busca destacar é que, como no exemplo citado anteriormente, um serviço não pode ser tocado. O serviço trabalha com ideias e conceitos. Serviços não podem ser patenteados (ZEITHAML; BITNER, 2003), e o consumidor baseia-se na reputação, pois é difícil para um indivíduo tangibilizar diversos tipos de serviços, porque talvez ele não consiga compreender facilmente todas as etapas de uma prestação de serviços.

A intangibilidade apresenta diversos desafios para o marketing. Como se trabalha com o abstrato, com sensações, nem todo profissional está preparado ou sabe como avaliar a intangibilidade dos serviços prestados, e para o cliente também é muito difícil avaliar sua qualidade. Outro grande desafio é dar preço a um serviço. Em geral, os prestadores de serviços sofrem ao dar preço à sua mão de obra, e no ramo do artesanato é comum escutar relatos de pessoas que colocam preços em suas criações artesanais levando em consideração os materiais utilizados, mas o tempo demandado para a confecção do artesanato, a ideia, a criação etc. não são levados em consideração, porque encarecem muito o produto, dificultando a venda e, consequentemente, a sobrevivência do artesão. Outro aspecto a se destacar é que, como não podem ser patenteados, novos formatos surgem e são copiados pela concorrência.

Perecibilidade

Os serviços não podem ser estocados, revendidos, devolvidos ou armazenados como os produtos. Se não for usado, perde-se o investimento feito em comunicação, propaganda etc. Para o profissional de marketing, o grande desafio nesse setor é a previsão da demanda, para que a capacidade total seja aproveitada (consumida) pensando que a sazonalidade pode ser um grande problema. Na alta temporada, por exemplo, os hotéis sofrem com a superlotação e a qualidade nos serviços, que precisa ser garantida se quiserem reter esses clientes ou ganhar novos clientes com a propaganda boca a boca dos que se hospedaram e foram bem atendidos. Já na baixa temporada, precisam administrar a divulgação oferecendo pacotes, facilidades de pagamento, preços promocionais, não deixando de lado a qualidade do serviço oferecido.

Como os serviços não podem ser devolvidos ou revendidos, é preciso um alto investimento e atenção dobrada na execução do serviço, porque reverter uma situação demanda tempo, estratégia, sem dizer que desgasta a relação entre empresa--prestador e serviço-cliente, colocando em risco a imagem da empresa e da marca (ZEITHAML; BITNER, 2003).

Heterogeneidade

Atualmente, a gama de serviços oferecidos no mercado é gigantesca, os diferenciais oferecidos fazem com que o serviço seja heterogêneo. Por exemplo, não existe uma única prestadora de serviços de telecomunicação no Brasil, existem várias; cada uma delas oferece um leque de possibilidades, e, portanto, seus serviços se diferenciam, assim como a qualidade e o valor agregado.

As organizações atualmente demandam os mais diversos tipos de serviços, e suas necessidades são heterogêneas, como as empresas que operam no ramo de telemarketing. Em cada empresa às quais ofereçam seus produtos, terão uma demanda com relação ao atendimento ao cliente.

Os clientes também são heterogêneos. Suas demandas são diversas, assim como sua personalidade, atitude, estilo de vida, comportamento de compra etc. Ou seja, o mesmo atendimento direcionado a um cliente e que o satisfaz provavelmente não satisfará a todos.

Os colaboradores também são heterogêneos. Às vezes o colaborador que é elogiado por um cliente é criticado por outro. O problema, nesse caso, é com o colaborador ou com o cliente? E a resposta é: não adianta procurar o culpado, tenha colaboradores de perfis diferenciados. Se o trabalho é prestado com qualidade, se o colaborador detém conhecimento na área em que presta serviço etc., você está prestes a resolver um dos grandes desafios da área de serviços: a heterogeneidade. Essa situação complica ainda mais com a terceirização ou quarteirização da mão de obra no setor de serviços (ZEITHAML; BITNER, 2003). Resumindo: o profissional de marketing às vezes se vê numa cilada. Quem culpar pela falha no serviço: o colaborador, o cliente, o mercado, o concorrente? A melhor estratégia é escutar todos esses públicos. Analisar cada situação. Cautela. Ética e humildade. Com certeza você se deparará com problemas muito diferentes uns dos outros. Na área de serviços, até os problemas são heterogêneos. A mesma solução para o problema A talvez não seja a mais adequada ao problema B.

Simultaneidade

Ao contrário do que acontece com os bens, que, na maioria das vezes, primeiramente são produzidos e depois consumidos, na área de serviços, muitas vezes o cliente primeiro compra o serviço, para depois consumir; paga antes de ver e usar.

Outro diferencial é que, dependendo do serviço prestado, o cliente está presente durante o processo de produção, o que proporciona a ele a possibilidade de avaliar todo o processo, e não somente o resultado final.

Portanto, clientes podem observar o processo de produção do serviço e trocar experiências e informações que poderão interferir na maneira de se perceber o produto que foi ofertado positiva ou negativamente.

Como os serviços podem ser produzidos e consumidos ao mesmo tempo, demandam estratégias de marketing e uma atenção extra dos prestadores de serviço e dos administradores da empresa que precisam estar preparados para lidar com gerenciamento de conflitos, avaliando constantemente a qualidade do serviço oferecido, sabendo que um cliente descontente pode prejudicar e influenciar muitos outros.

Também é importante destacar que, como o setor de serviços demanda prestadores de serviços com carisma e empatia, **nem todo profissional tem perfil para atuar na área de serviços.**

O colaborador que atua na área de serviços precisa ser pró-ativo, às vezes polivalente (dependendo da área em que atua), resolver problemas ou encaminhá-los a quem possa resolvê-los prontamente, saber expressar-se, saber escutar mais do que falar, e precisa saber trabalhar sob pressão, sem se deixar abalar por determinadas situações.

Outra estratégia é que, devido à simultaneidade dos serviços, o pós-venda é essencial para acompanhar e analisar o desempenho do serviço oferecido por sua empresa (ZEITHAML; BITNER, 2003).

Composto de Marketing para Serviços

Há uma diferenciação importante entre o que as autoras Zeithaml e Bitner (2003, p. 36) chamam de marketing de bens e o marketing de serviços, como já mencionado no item anterior.

Pensando no composto de marketing, a teoria continua a mesma, mas há necessidade de inserir a discussão dos últimos dois capítulos no contexto dos serviços. Os 4 Ps também valem para o marketing de serviços, mas com algumas nuances próprias da área de serviços: o P de produto passará a se chamar SERVIÇOS, o P de praça será denominado de DISTRIBUIÇÃO, e o P de promoção é conhecido em serviços como COMUNICAÇÃO.

A seguir apresentaremos a particularidade de cada um dos 4 Ps na área de serviços e outros 3 Ps (de PROCESSOS, PESSOAS e EVIDÊNCIA FÍSICA [*Physical Evidences*]), que são incluídos para melhor compreensão e abrangência da área.

Serviço (Produto)

No marketing de serviços, o consumidor adquire um bem intangível. Esse serviço pode ter sido agregado a um bem ou pode ser uma ação, um processo ou, ainda, uma atuação.

Resumindo: esses serviços poderão ser produzidos pelas empresas de serviços (exemplo: agência de turismo) e também por aquelas que trabalham com serviços manufaturados (exemplo: eletrodomésticos — expansão do período de cobertura de garantia do produto).

Como vimos anteriormente, o serviço geralmente é consumido no momento em que é produzido, e a cada dia que passa há maior oferta e diversidade de prestação de serviços.

Mas há uma peculiaridade deste item do composto de marketing em serviços que congrega a outros dois itens do composto de marketing no momento em que o profissional de marketing pensa tanto sua execução como sua avaliação e controle: PROCESSOS e PESSOAS.

Por esse motivo, em vez de estudá-los de forma separada, os analisaremos no contexto do SERVIÇO, já que grande parte dos serviços oferecidos une processos (se os processos não são bem planejados, pensados e avaliados) e pessoas (se as pessoas não são as adequadas àquele contexto ou situação). Nesses casos, a qualidade do serviço será comprometida. De acordo com Kahtalian (2002, p. 25), "as falhas nas pessoas e nos processos são 'defeitos de fabricação'", se comparadas com um produto tangível, porque, de acordo com o autor, a pessoa é o serviço/empresa. Quando o prestador de serviço falha, o consumidor não somente considerará que foi uma falha da pessoa, mas, sim, da empresa. Não é o prestador de serviço que não é bom, a empresa é que é ruim.

Resumindo: processos e pessoas são o coração da prestação de serviço. Por isso as empresas precisam das melhores pessoas (talentos). Essas pessoas auxiliarão na construção dos melhores processos e, assim, ao avaliá-los, saberão que mesmo uma falha, dependendo de como aconteça, pode ser facilmente revertida por um processo bem construído e planejado que considere a heterogeneidade existente no setor de serviços.

Preço

Quando se compara o preço dos dois compostos de marketing — bens e serviços — é que se nota a grande diferença que há entre ambos os compostos de marketing.

Ao analisar a abordagem usada pelos autores Kotler e Keller (2006, p. 428) para apresentar o que é preço, é possível pensar: mesmo no composto de marketing de bens tangíveis, o preço é intangível, não é possível tocá-lo.

> O preço está por toda parte. Você paga aluguel pelo seu apartamento, matrícula e mensalidades à sua instituição de ensino e honorários a seu médico ou dentista. Linhas aéreas, trens e empresas de ônibus cobram passagens; os táxis e os serviços públicos chamam seus preços de tarifas, e o banco cobra juros pelo dinheiro que você toma emprestado. [...] a companhia que faz o seguro de seu carro lhe cobra um prêmio. Um palestrante cobra um cachê. [...] o preço de um funcionário é um salário, o preço de um vendedor pode ser uma comissão [...].

Tangível é tudo aquilo que ***posso tocar***. Já ***intangível*** é tudo aquilo que ***não consigo tocar***.

Por isso, os atributos tangíveis de um caderno podem ser a espessura das folhas, a espiral, o material com que é feita a capa etc. E os intangíveis podem ser a cor das folhas, o design da capa, o preço, a qualidade do material usado na confecção, entre outros.

Resumindo: a única coisa tangível no preço é a nota ou o cartão que usamos para pagar algo. Mas como tocar o preço? O preço é percebido, avaliado, questionado, denota e agrega valor a um produto e a um serviço.

Mas os maiores desafios para o profissional de marketing que precisa precificar serviços estão na composição do preço final que será cobrado. Isso acontece porque, segundo Kahtalian (2002), há uma maior incidência de custos fixos do que de custos variáveis (por exemplo, em uma escola de idiomas, como mencionar que o valor será de X reais por mês, e não Y, porque, se você cobrar Y, não conseguirá cumprir com os custos fixos mensais?), e para os clientes, esses custos são invisíveis (até porque, quando usamos serviços para agregar valor a um produto, como calcular o conforto, a comodidade, o design?).

Outro desafio para o profissional de marketing em preços aplicados a serviços é a comparação. É muito mais fácil comparar preços de produtos do que preços de serviços (por exemplo, um cabeleireiro, dependendo da localização do ponto, da clientela, do poder aquisitivo do consumidor, da qualidade do serviço prestado pelo cabeleireiro e dos custos fixos que ele terá por mês, apresentará o preço final do corte e de cada serviço oferecido).

Também é complicado lembrar-se de preços no setor de serviços, o que é mais facilmente recordado no setor de produtos, possibilitando uma comparação entre marcas. Mas este item permite que a empresa agregue valor ao serviço por meio do preço oferecido, que também ajuda a identificar a qualidade.

Mas qualidade e valor agregado só serão possíveis de serem alcançados se o consumidor acreditar no preço do serviço oferecido, até porque, como apresentado anteriormente, por ser difícil para o consumidor estabelecer conexões e comparar preços entre empresas, um aumento não será aceito tão facilmente caso não haja estratégias de comunicação auxiliando na aceitação do novo preço proposto (ex.: taxa de condomínio, plano de saúde, seguros, plano odontológico, manutenção de contas bancárias etc.).

Em serviços, quando a empresa decide praticar preços baixos, ela precisa saber que *deverá oferecer uma qualidade mínima com o preço praticado*.

Cuidado: em serviço não se aceita que, já que o preço é baixo, o serviço não terá uma qualidade mínima (por exemplo, em uma escola de cabeleireiros, por mais que o cliente saiba que o aluno precisa praticar e que o preço é inferior para possibilitar essa prática, ele não aceitará qualquer resultado. O mínimo que ele espera é que haja um professor que dê as coordenadas, tire as dúvidas e ouça as possíveis reclamações que possam surgir).

Mas não se discute que a qualidade tem uma relação direta com o preço praticado.

Distribuição (Praça)

A distribuição é avaliada incluindo aqui o composto de marketing de serviços EVIDÊNCIA FÍSICA (*Physical Evidences*), porque o sucesso de um (distribuição) depende, às vezes, da preocupação com o outro (evidência física).

Com o crescimento do setor de serviços, uma empresa que precise distribuí-los precisará estar atenta aos custos físicos, e dependendo do tipo de serviço que ofereça, os itens do composto de marketing SERVIÇOS, PROCESSOS, PESSOAS, DISTRIBUIÇÃO E EVIDÊNCIA FÍSICA se mesclam, se confundem. Vamos supor que você é dono de uma transportadora: seu serviço é a distribuição de algo. Como avaliá-lo separadamente? O melhor é analisá-lo no todo.

E, dependendo do setor em que atue, terá primeiro que transformar aspectos socioculturais para depois conseguir distribuir seus serviços.

Quando se pensa em distribuir serviços, o planejamento é essencial. É preciso pensar na própria estrutura, porque a distribuição em serviços muitas vezes é concentrada. Mas há casos, como aqueles que trabalham com transporte escolar, em que a distribuição concentrada e pulverizada se combinam.

O que veio para revolucionar a distribuição no setor de serviços é o avanço da tecnologia da informação e as negociações/comércio via internet. Muitas empresas começam a definir ou até mesmo a redefinir sua forma de atuação, com estrutura física e canais de vendas online ou comércio eletrônico, sem investimentos em grandes estruturas físicas.

A internet também possibilitou o chamado *home office* a se solidificar como uma possibilidade de distribuição de serviços eficientes e eficazes.

Mas e a evidência física? Neste novo contexto, a evidência física vem a ser o projeto das instalações, equipamentos, sinalização, roupas dos funcionários, relatórios, aparência dos cartões de visita e de crédito, garantias oferecidas, acessibilidade (REITHAML; BITNER, 2003).

Comunicação (Promoção)

Diferentemente do que acontece na promoção de um produto, em serviços, além de promovê-los, é preciso comunicá-los de forma adequada. Mas o que significa isso?

Significa que a comunicação no setor de serviços, muitas vezes, mesmo com o advento da internet, ainda acontece num processo de venda pessoal e no tradicional e importantíssimo boca a boca. Por isso a promessa de um serviço precisa ser o mais próximo possível do real no momento de se concretizar a venda, porque a decepção entre o oferecido (comunicado, promocionado) e o recebido pode trazer problemas para a empresa e uma comunicação negativa por parte do usuário.

Em serviços, outro aspecto importante é o de cumprir com aquilo que se oferece, ou em outros casos, somente se oferece ao cliente potencial aquilo que a empresa é capaz de cumprir. Como o serviço não pode ser tocado, ele é materializado na mente do consumidor por meio da informação recebida (nos anúncios, na leitura de um boletim ou informativo, na informação exposta no site, entre outros).

Atualmente, uma grande preocupação das empresas deve ser a apresentação e informações contidas em seus sites (devem ser claras, objetivas, atualizadas constantemente), porque, com o advento da internet, a maior parte das pessoas, em vez de consultar a lista telefônica, abre o site da empresa para saber mais sobre os serviços ou produtos ofertados.

Quando se analisa o terceiro setor ou, ainda, o setor público, muitos são os órgãos e instituições que têm um site para falar que têm, mas não se preocupam em atualizá-lo, em deixá-lo atraente, operacional. Neste caso, é melhor não ter um site do que apresentar algo que pode deturpar a imagem da empresa. O site precisa ser desenvolvido por especialistas na área. Pense nisso!

Pessoas

As pessoas são o ativo mais importante da organização, principalmente aquelas que atuam na área de serviços. Não é qualquer pessoa que serve para trabalhar na área de serviços, principalmente em contato direto com o público.

Também não podemos deixar de lembrar que o cliente também é uma pessoa que quer ser respeitada, assim como os fornecedores e os gestores da empresa. Em resumo, uma empresa é composta por pessoas que prestam serviços a outras pessoas, e isso traz um ambiente de complexidade, pois as pessoas são diferentes, cada uma tem suas necessidades e desejos.

Em uma empresa, o treinamento, a capacitação, a motivação e a orientação são fundamentais para a sobrevivência e refletem diretamente nos resultados finais. O desafio é como motivar pessoas diferentes (geração, faixa etária, classe social, grau de instrução, regiões diferentes etc.).

Sempre convido os alunos a refletir sobre as seguintes questões na área de pessoas:

- ❑ **Vocação:** ajudar o funcionário a encontrar a verdadeira vocação. A empresa perde quando tem um funcionário que trabalha em determinada área e que estuda uma graduação em área distinta. Caso a empresa tenha a possibilidade de realocar a pessoa, porque não o faz?

❑ **Heterogeneidade:** tanto de funcionários quanto de clientes. Muitas vezes já presenciei excelentes profissionais sendo dispensados porque o cliente "x" não "ia com a sua cara". Isso é inaceitável! Não temos que e não conseguiremos agradar a todos. Mas por que não alocar esse profissional para outra conta, outro cliente? As empresas precisam aprender a reter talentos e promover o diálogo interno.

❑ **Terceirização:** quando os terceirizados não têm acesso aos mesmos benefícios que os funcionários das atividades-fim, eles, com o tempo, não terão a mesma motivação para "vestir a camisa" da empresa. Esses funcionários trabalham para a sua empresa e precisam ser recompensados, caso contrário será difícil que eles mostrem seu real potencial.

❑ **Valorização do operacional:** uma empresa precisa de profissionais que trabalhem no operacional, porque é o operacional que faz a empresa acontecer. Esse profissional quer ser gerente, diretor, mas muitas vezes, quando chega nessas funções, perde a motivação, porque não é sua vocação. Cada um tem que ser feliz e se autorrealizar naquilo que sabe fazer de melhor. O estrategista e o tático são importantes, mas os operacionais são *fundamentais, essenciais*! Valorize-os! Precisamos diminuir a distância que há entre os salários dos operacionais, táticos e estrategistas. As empresas de características startups têm mostrado que, num ambiente em que os três perfis são valorizados, a redistribuição da renda só ajuda o operacional a se sentir valorizado.

Processo

Os processos representam todos os fluxos, modelagem de processos, procedimentos e metodologias de trabalho utilizados durante a prestação de um serviço. São eles que asseguram precisão no momento do cumprimento de tarefas e possibilitam alcançar a assertividade do resultado final, cumprimento de metas e do plano de ação e cronograma estipulados.

Recentemente, tenho incentivado os alunos a fazer uso de modelagem de processos para a organização de atividades de diversos setores. O setor de marketing também precisa se certificar de que todos os setores tenham processos claros, de conhecimento de todos, e que sejam documentados, impressos, digitalizados, de fácil consulta e compreensão por todos os colaboradores.

Também os tenho motivado a fazer uso de metodologias ágeis, como o Scrum, para acompanhamento e divisão de tarefas, com atualização diária, que pode ser feita *in loco* ou a distância, sem dizer que há uma enormidade de ferramentas e de metodologias ágeis online que facilitam a tarefa de gestão de projetos e processos.

Produtividade

Independente da área de atuação, o setor de serviços precisa se preocupar com a produtividade, que, neste caso, vincula-se diretamente à qualidade do serviço prestado. E qualidade na área de serviço garante o sucesso das atividades da empresa.

Como medir a produtividade e sua qualidade? Há propostas na internet de serviços de mensuração nessa área com suporte de metodologias que coletam dados tanto qualitativos quanto quantitativos. Tudo depende da necessidade da empresa ou do setor.

Palpabilidade (Evidências Físicas)

É a percepção que o cliente tem do ambiente em que o serviço é prestado. Diversos fatores estão relacionados com as evidências físicas, desde a vestimenta do prestador de serviço e sua aparência até cartões de visita, relatórios, equipamentos, instalações físicas, aspectos do site ou do aplicativo móvel. Vincula-se ao ambiente em que o serviço é prestado e a como a empresa interage com o cliente.

6.3. ATIVIDADE DE AUTOAVALIAÇÃO

Faça uma tabela (como a do modelo a seguir) e, em uma coluna, enumere todos os itens tangíveis da empresa em que trabalha ou trabalhou (caso nunca tenha trabalhado, monte o exercício com base em uma empresa próxima da sua residência ou de seu local de estudo). (Lembre-se: itens **tangíveis** são todos aqueles que você

pode tocar.) Na outra coluna, enumere os itens intangíveis (os itens **intangíveis** são todos aqueles que você **não consegue tocar**).

Itens Tangíveis	Itens Intangíveis

Capítulo 7
CANAIS DE MARKETING

> **Objetivos do Capítulo:**
> ❏ Apresentar os principais canais de marketing e sua importância como estratégia de diferencial competitivo.
>
> **Competências:**
> ❏ Identificar os melhores canais de marketing que devem ser usados pela empresa.
>
> **Habilidades:**
> ❏ Planejar a utilização de canais de marketing que permitam à empresa alcançar diferenciais competitivos.

7.1. INTRODUÇÃO

No Capítulo 4 estudamos o composto de marketing PRAÇA, e no Capítulo 6 estudamos o composto de marketing de serviço, e um dos itens era a DISTRIBUIÇÃO. Precisaremos recuperar conteúdos e conceitos desses capítulos para tratar do tema de canais de marketing.

Quando estudamos o marketing para bens tangíveis, vemos que muitos autores conceituam a DISTRIBUIÇÃO ou os conhecidos Canais de Marketing como continuidade do estudo da PRAÇA, e o marketing para bens intangíveis (Marketing de Serviços (capítulo 6) mostra em seu composto de marketing uma denominação diferente para o item PRAÇA — o chama de DISTRIBUIÇÃO.

Tanto na área de produtos ou de serviços, a distribuição deve ser uma preocupação frequente das empresas, principalmente daquelas que operam no *e-commerce* ou *e-business*. Quando se fala em distribuição, deve ficar claro que não somente se distribuem produtos. Atualmente, a distribuição correta da informação também é uma preocupação de empresas de grande, médio e pequeno porte.

Analise a foto a seguir e responda: a) o que mais chama a atenção nessa foto? (*Anote sua resposta, que será recuperada no decorrer deste capítulo.*)

FIGURA 9 — ESTOQUE EM UMA MONTADORA

Fonte: VISUALHUNT.COM

7.2. CONCEITOS

O QUE SÃO OS CANAIS DE MARKETING?

Os canais de marketing também são conhecidos na área da logística como canais de distribuição. Em muitos casos, a indústria não possibilita que o consumidor compre o produto ou serviço direto do fabricante, mas, sim, por meio dos chamados intermediários.

Os canais são **os intermediários** que a empresa decide ter e que levarão o produto ou serviço até o consumidor.

Portanto, para a maior parte das indústrias, ter um excelente produto e um excelente preço não significa que as vendas alcançarão níveis desejáveis. Por esse motivo, a escolha correta do canal de marketing é essencial na entrega do produto/serviço ao consumidor final.

Para Las Casas (2006, p. 213), o canal de distribuição é "o caminho que as mercadorias — e a transferência de título — seguem desde o produtor até o consumidor. É o complexo de empresas que existe para distribuir os produtos, desde o fabricante até o consumidor, incluindo agentes, varejistas e atacadistas".

Já para Kotler e Keller (2006, p. 464), os canais de marketing são:

> [...] conjuntos de organizações interdependentes envolvidas no processo de disponibilizar um produto ou serviço para uso ou consumo. Eles formam o conjunto de caminhos que um produto ou serviço segue depois da produção, culminando na compra ou na utilização pelo usuário final.

Ao analisar ambos os conceitos, nota-se que o tanto o autor Las Casas quanto os autores Kotler e Keller direcionam os conceitos "canais de distribuição" e "canais de marketing" (sinônimos) para uma ênfase de logística (distribuição de produtos/serviços).

Por isso é importante sinalizar que os departamentos de logística e marketing preocupam-se com os canais de marketing, porque a entrega do produto/serviço é importante e demanda atenção e dedicação redobrada.

CANAIS DE MARKETING — GANHOS

Quando se fala em canais de marketing, é preciso apontar importantes aspectos dessa ferramenta: a) redução dos custos; b) parceria em longo prazo; c) alcance geográfico.

Essa é uma ferramenta que proporciona redução de custo. A empresa, nesse caso, se preocupa com a produção e, com isso, economiza gastos desnecessários com deslocamento, frotas, pessoal personalizado, complexos sistemas de monitoramento de entregas, pedidos das mais diversas partes do país, ou seja, um excesso de tarefas e processos que tiram a empresa do foco principal: a produção.

A empresa também tem a possibilidade de estabelecer parcerias de longo prazo com seus intermediários. Para isso, você precisa cuidar da imagem da sua empresa, escolher os melhores intermediários, avaliá-los constantemente, porque a mudança de canais de marketing somente acontece em casos extremos, depois de exaustiva reflexão sobre o assunto.

Como os intermediários possuem um poder de distribuição, permitindo que seu produto chegue nos mais distantes pontos deste nosso país continental, a empresa tem a facilidade de estar na região Sul do país e distribuir para os demais estados, caso seja esta a sua estratégia de canal de marketing.

Canais de Marketing — Desafios

Mas os canais de marketing também apresentam grandes desafios para os estrategistas empresariais do século XXI.

O primeiro grande desafio é o de a pequena empresa conseguir conquistar a confiança de intermediários que queiram distribuir ou representar o seu produto/serviço/marca. Neste caso, é preciso saber negociar, e no começo, em muitos casos, é o intermediário quem dita as regras do jogo. Por isso, a negociação é fundamental. O que fazer: ter menor rentabilidade ou buscar distintas formas de levar o produto ao consumidor final?

O segundo desafio é fazer com que o intermediário vista a camisa da sua empresa, que coloque seu produto nos pontos de vendas negociados no processo de escolha do canal de marketing. É preciso ter conhecimento de produtos concorrentes que usam o mesmo canal de marketing e estar atento às promoções realizadas pelos concorrentes — para intermediários, porque o concorrente utiliza, na maioria das vezes, o mesmo canal de marketing que você para distribuir o produto/serviço dele.

O terceiro desafio é solucionar possíveis conflitos entre canais de distribuição. Um atacadista pode oferecer descontos que o varejista, possivelmente, não poderá atribuir, o que gera, muitas vezes, conflitos entre os canais de marketing. Portanto, para evitar conflitos, é primordial que todos os seus intermediários saibam que é um trabalho em equipe, com o qual todos ganham quando a distribuição é eficaz.

A empresa, para ter maior controle do que acontece no canal, estimula as vendas e a distribuição com as estratégias de *pushing* (o fabricante prepara campanhas de vendas e propaganda direcionadas aos seus intermediários, estimulando-os a levar o produto/serviço aos mais variados setores — de acordo com o público-alvo e mercado-alvo que a empresa quer alcançar) e *pulling* (é a vez de o fabricante direcionar suas ações de marketing para levar o consumidor até o ponto de venda), e há empresas que empregam ambas as estratégias ao mesmo tempo, por exemplo, para atingir metas ou ao apresentar novos produtos/serviços ao mercado consumidor.

Tipos de Canais

Os tipos de canais se diferenciam para produtos de consumo e produtos industriais. Vamos ver os dois tipos em detalhes para que você possa apreender os conceitos corretamente.

Produtos de Consumo

- Fabricante-Consumidor

    Neste tipo de canal de marketing, o fabricante define como estratégia não utilizar intermediários para entregar seu produto ao consumidor, ou seja, é ele que se responsabiliza por essa distribuição (LAS CASAS, 2006, p. 217).

- Fabricante-Varejista-Consumidor

    O fabricante, neste tipo de canal de marketing, opta por transferir ao intermediário grande responsabilidade, até mesmo nas funções de mercadologia (LAS CASAS, 2006, p. 217).

- Fabricante-Atacadista-Varejista-Consumidor

    A empresa, neste caso, opta por uma distribuição intensiva, e tem como intenção atingir um grande número de consumidores finais (LAS CASAS, 2006, p. 217).

- Fabricante-Agente-Varejista-Consumidor

    Há ainda empresas que usam agentes na distribuição de seus produtos. Os agentes dão atenção às vendas (LAS CASAS, 2006, p. 217).

❏ Fabricante-Agente-Atacadista-Varejista-Consumidor

São empresas que querem atingir um número ainda maior do que a estratégia usada no item "c". Essas empresas dão enfoque às vendas por meio dos agentes (LAS CASAS, 2006, p. 217).

Produtos Industriais

❏ Fabricante-Usuário Industrial

Neste tipo de canal de marketing, o fabricante define como estratégia não utilizar intermediários para entregar seu produto às demais empresas, ou seja, é ele que se responsabiliza por esta distribuição (LAS CASAS, 2006, p. 216).

❏ Fabricante-Distribuidor Industrial-Usuário Industrial

Neste caso, a indústria prefere usar um distribuidor especializado no seu produto aos consumidores industriais (LAS CASAS, 2006, p. 216).

❏ Fabricante-Agentes-Usuário Industrial

O fabricante opta por utilizar os agentes, com foco em vendas, para atingir os usuários industriais (LAS CASAS, 2006, p. 216).

❏ Fabricante-Agentes-Distribuidores Industriais-Usuário Industrial

Neste mercado, o fabricante faz a opção por atingir extensas fatias de mercado e, por esse motivo, também faz uso de agentes e distribuidores industriais para chegar ao maior número de usuários industriais (LAS CASAS, 2006, p. 216).

Varejo, Atacado e Logística

Os varejistas "são os intermediários que vendem diretamente aos consumidores" (LAS CASAS, 2006, p. 218). Alguns varejistas utilizam-se de lojas físicas para a venda e apresentação dos produtos e são conhecidos como lojistas, e há aqueles que, por exemplo, oferecem seus produtos/serviços de porta em porta, desconsiderando a utilização de lojas físicas, e são conhecidos como não lojistas.

Há vários tipos de varejistas, destacando-se os: a) independentes (possuem uma única loja); b) em cadeia (aqueles que possuem mais de uma loja física; os independentes também podem se unir para trabalhar em cadeia. A cooperativa também é considerada uma categoria de varejo em cadeia); c) lojas de departamentos (oferecem diversos tipos de produtos, divisão de atividades varejistas); d) lojas de descontos; e) supermercados; f) shopping centers; g) porta em porta.

Os atacadistas se caracterizam "por não vender ao consumidor final. Geralmente, compram diretamente do fabricante, vendendo a um intermediário ou usuário industrial" (LAS CASAS, 2006, p. 219).

Os atacadistas se caracterizam, ainda, por comprar em grandes quantidades e revender em pequenas quantidades. O atacadista ainda tem a possibilidade de oferecer descontos, promoções etc.

Os atacadistas podem ser: a) de funções completas (não somente revendem, mas também oferecem serviços diversos ao consumidor final; b) de funções limitadas (se preocupam com a distribuição e a revenda); e c) agentes (intermediam as relações, representam a empresa ou marca).

Quando se fala em distribuição, principalmente de produtos, a movimentação física dos bens tangíveis é um diferencial importante, respeitado e estudado atualmente pelos profissionais da área de logística. A movimentação física, para Las Casas (2006, p. 213), "são as atividades relativas à movimentação eficiente de produtos do final da linha de produção até o consumidor final". Esse processo inclui o frete, a armazenagem, o controle dos estoques, expedição, envio do pedido, manuseio (carga e descarga), entre outras funções.

Verticalidade / Horizontalidade

Dependendo do setor em que a empresa opera, a possibilidade de controlar os canais de marketing com atenção especial traz diferenciais competitivos à empresa. Os canais de marketing podem ser classificados em sistemas verticais ou horizontais.

Os sistemas verticais são divididos em três categorias: a) sistema vertical cooperativo (quando a empresa adquire outra do canal e passa a ter maior controle na distribuição); b) sistema vertical administrado (neste caso, pode haver força política ou presença de marca que, por esse motivo, consegue maior cooperação no momento da distribuição); c) sistema vertical contratual (é a presença de contrato operacional, como as franquias).

Já no sistema horizontal, a empresa adquire outra concorrente. Esse sistema recebe controle governamental para evitar a formação de monopólios.

As fusões são comuns neste início de século XXI, e o sistema horizontal possibilita tanto o controle como a possibilidade de maior retorno e distribuição de seus produtos.

Escolha do Canal

Para a escolha correta do canal de marketing, é preciso avaliar alguns aspectos indispensáveis. O potencial de vendas no segmento de mercado escolhido é o primeiro passo. Em seguida, é momento de analisar o cliente, para decidir qual o melhor canal (os hábitos de compra também devem ser levados em consideração). A análise do tipo de produto/serviço também é essencial para a escolha do canal. A concorrência precisa ser analisada e estudada cuidadosamente, bem como os recursos do fabricante.

Distribuição Intensiva:

Com intenção de atingir ampla cobertura de mercado. O objetivo é a distribuição ao maior número possível de canais de marketing. Dependendo da empresa, pode ser que não haja critérios para a escolha dos canais. A intenção é usar o maior número possível de canais de marketing.

Distribuição Seletiva:

Neste caso, há uma seleção dos intermediários. Há uma seleção porque a empresa não tem interesse em que todos os interessados venham a distribuir seus produtos/serviços.

Distribuição Exclusiva:

Na distribuição exclusiva, a empresa seleciona os intermediários, e estes trabalham com exclusividade, que pode ser de distribuição em regiões, cidades ou, ainda, de produtos/serviços.

Distribuição Direta:

Nesta situação, entra em ação o intermediário virtual. Muitas dessas empresas não mantêm estruturas físicas complexas, trabalham na categoria *home office* e vendem diferentes produtos ou serviços, entregando-os diretamente ao consumidor final.

No século XXI, o estudo dos canais de marketing se transformou em uma ferramenta primordial para a competitividade e eficiência na entrega do produto/serviço ao consumidor final.

O canal de marketing *é muito mais que o escoamento de mercadorias*, é o valor agregado ao produto/serviço por conta de uma entrega em prazo, forma e condições combinadas previamente, e que fazem a diferença.

Este é o grande desafio de todo profissional de marketing ou administrador de empresa de grande, médio e pequeno porte.

7.3. ATIVIDADE DE AUTOAVALIAÇÃO

Analise diferentes empresas e enumere os tipos de canais de *marketing* utilizados, comparando suas respostas com as do item **Introdução** neste capítulo.

CAPÍTULO 8
COMPORTAMENTO DO CONSUMIDOR

> **OBJETIVOS DO CAPÍTULO:**
> ❑ Compreender o comportamento do consumidor e identificar as variáveis que o influenciam.
>
> **COMPETÊNCIAS:**
> ❑ Analisar casos que envolvam o conhecimento do comportamento do consumidor e seu processo decisório de compra.
>
> **HABILIDADES:**
> ❑ Aplicar as informações obtidas sobre o consumidor e como influenciá-lo em seu processo de compra.

8.1. INTRODUÇÃO

Neste capítulo você começará a aplicar conceitos vistos nos capítulos anteriores e a apreender conceitos próprios para a análise do comportamento do consumidor.

Será importante compreender como acontece o ato do consumo. Tais conhecimentos sobre o consumidor evoluíram muito com as novas tecnologias e modernização de Data Mining, CRM, ferramentas analíticas diversas disponibilizadas na internet e que permitem conhecer como o usuário se "comporta" num processo de compra.

A luta das empresas orientadas para marketing é produzir sob medida para o cliente com apoio dos dados de segmentação de mercado (Capítulo 9), ou seja, que, no ato da compra, você perceba que o produto ou serviço tenha a sua "cara", seu estilo, que combine com você, pois atende a suas necessidades, anseios e supera suas expectativas. Isso fará com que não resista no momento da compra.

Por isso, é tarefa do profissional de marketing conhecer o comportamento do consumidor da empresa em que trabalha e como ele reage ao ficar descontente com o serviço ou produto que comprou.

Cada pessoa é um mundo, cada um de nós é único no planeta. Somos indivíduos complexos, pertencemos a determinada classe social, e o que nos motiva no ato da compra pode ser influenciado por terceiros, mas nós, como seres humanos, precisamos nos alimentar, nos vestir. Neste mercado de características capitalistas, o processo de troca é movimentado, em grande parte, pelo uso de moeda digital.

Mas não podemos nos esquecer de que muitos novos comportamentos surgem como oposição ao modelo capitalista de consumo. Temos os sites de caronas, os sites de escambos, a economia solidária atuando com moedas alternativas, como é o caso do banco Palmas, e outras experiências que surgem no Brasil e no mundo.

Também é importante recordar que nós, enquanto indivíduos, temos um comportamento que pode mudar quando estamos em um grupo. Teorias da psicologia e da antropologia ajudam nesse estudo, mas, enquanto grupo, o fenômeno será mais bem amparado pelas teorias sociológicas. Ou seja, o consumidor, que é o indivíduo e atua no grupo, é um ser humano complexo.

Essa é a importância de se conhecer o consumidor. Saber como se comporta no momento da compra, o que o influencia, o que deseja, quem ele é, como vive e decide pelas compras. Assim, o marketing envolve áreas da psicologia, sociologia, antropologia, a fim de conhecer o processo de motivação do indivíduo e da sociedade como um todo.

Conhecer as variáveis que influenciam o comportamento do consumidor significa saber quem, o que, quando, onde e como consome, compra e como as mídias influenciam seus hábitos de consumo.

8.2. CONCEITOS

Conhecer o comportamento do consumidor é importante para atender a suas necessidades e desejos, superando as expectativas, com a possibilidade de encantar aquele que faz uso do seu serviço ou compra um produto da sua empresa.

Para o autor Las Casas (2009, p. 154), "entender o consumidor é uma das tarefas mais difíceis do marketing, apesar de toda sua importância". Cada um de nós é um ser humano complexo para se entender e atender, por isso, para Karsaklian (2000,

p. 11), "ser consumidor é ser humano. Ser consumidor é alimentar-se, vestir-se, divertir-se [...] é viver".

É importante compreender e conhecer o comportamento de compra do público-alvo, mas também é importante saber que esse comprador sofre múltiplas influências, que podem ser do ambiente externo ou de pessoas que participam do seu convívio (família, classe social, grupos de referência e cultura) e que podem influenciar e alterar o processo de compra. As influências também podem ser internas, ou seja, de fatores psicológicos, tais como motivação, aprendizagem, percepção, atitudes e personalidade.

Para Kotler (2000, p. 182), o propósito do marketing é satisfazer necessidades e desejos do público-alvo, e, portanto, estudar o campo do comportamento do consumidor é uma tarefa inerente ao profissional de marketing e de extrema complexidade.

> [...] Os clientes podem dizer uma coisa e fazer outra. Eles podem não ter consciência de suas motivações mais profundas. Podem responder a influências que façam com que mudem de ideia no último minuto.

Por esse motivo, conhecer o consumidor não é uma tarefa simples. É preciso estudar como as pessoas, grupos e organizações usam, compram, selecionam e descartam produtos, serviços, bem como ideias e experiências, para conseguir atender a suas necessidades e desejos.

Fatores que Influenciam o Comportamento de Compra

Apresentarei a você os principais fatores que influenciam o comportamento de compra: culturais, sociais, pessoais e psicológicos.

Fatores Culturais

Neste segmento estudaremos a cultura, subcultura e classes sociais como importantes influências no modo do consumo.

- ❑ **Cultura:** segundo Kotler (2000), a cultura é o principal determinante do comportamento de compra. À medida que crescemos, somos expostos a valores, comportamentos, atitudes, experiências, convicções, que vamos assimilando dos diversos grupos com os quais convivemos e de pessoas que são para nós uma referência. Esses padrões mudam de geração a geração.

- ❑ **Subcultura:** Kotler (2000) sinaliza que as subculturas são os espaços de identificação e socialização pelos quais passamos. Uma classificação possível é a nacionalidade, religião, grupos, tribos e regiões geográficas. É comum encontrar, atualmente, produtos e serviços feitos e apresentados a grupos específicos, um processo de segmentação por subculturas.

- ❑ **Classe social:** é fruto da estratificação social, da divisão monetária e da acumulação de riquezas. Kotler (2000, p. 183) afirma que as classes sociais "são divisões relativamente homogêneas e duradouras de uma sociedade. Elas são hierarquicamente ordenadas e seus integrantes possuem valores, interesses e comportamentos similares". Ao analisar as classes sociais, é preciso analisar não apenas a renda, mas a ocupação, grau de instrução, área em que reside etc. As diferenças entre as classes sociais estão no vestuário, padrões de linguagem, preferências em atividades de lazer etc.

Fatores Sociais

Como fatores sociais incluem-se os grupos de referências, a família, os papéis sociais assumidos e o status.

- ❑ **Grupos de referência:** entre os grupos de referência estão aqueles que exercem influência direta sobre a pessoa e são chamados de grupos de afinidades. Eles podem ser primários (família, amigos, vizinhos, colegas de trabalho, de escola), quando a pessoa interage de forma contínua e informalmente; ou secundários (grupos religiosos, associações de classe), com os quais há certa distância e a presença é formal e de menor interação.

- ❑ **Família:** é a organização mais estudada, participa do grupo de referência primária. Nesse espaço, os integrantes compram em conjunto e um influencia a compra do outro com frequência. Mesmo quando se distancia da família, a pessoa ainda pode ser influenciada por esta, por ser seu grupo de referência inicial.

- ❑ **Papéis sociais e status:** Kotler (2000, p. 189) sinaliza que um papel "consiste nas atividades que uma pessoa deve desempenhar. Cada papel carrega um status". As pessoas compram de acordo com o papel que exercem ou com o status que querem ter.

Fatores Pessoais

Entre os principais fatores pessoais estão idade, ocupação, situação econômica, estilo de vida, personalidade e autoimagem e valores.

- ❑ **Idade e respectivo estágio no ciclo de vida:** as compras se diferenciam de acordo com a idade. Nossos gostos podem mudar de acordo com a idade, e as necessidades também. Há estudos que são voltados a estágios de ciclo de vida psicológicos, pois os adultos passam por transformações ao longo da vida.

- ❑ **Ocupação e situação econômica:** as empresas têm se especializado em atender às necessidades de acordo com a ocupação e a situação econômica, pois o consumo aqui é ditado pelo gastar *versus* economizar. Em épocas de recessão, o importante é reestruturar preços para atender e oferecer condições de pagamento que auxiliem o comprador a suprir suas necessidades.

- ❑ **Estilo de vida:** para Kotler (2000, p. 191), estilo de vida "é o padrão de vida da pessoa expresso por atividades, interesses e opiniões. O estilo de vida representa a 'pessoa por inteiro', interagindo com seu ambiente". Estudos de psicografia, que é a ciência da mensuração e da categorização de estilo de vida do consumidor, são utilizados para agrupar esses compradores em categorias. Entre os compradores com mais recursos, predominam os atualizados, satisfeitos, empreendedores; e entre os com menores recursos, predominam os crédulos, lutadores, executores e esforçados.

- ❑ **Personalidade e autoimagem:** Kotler (2000, p. 193) deixa claro que personalidade relaciona-se a "características psicológicas distintas, que levam a reações relativamente correntes e contínuas no ambiente". Traços comuns de personalidade são a autoconfiança, domínio, autonomia, submissão, sociabilidade, resistência e adaptabilidade. E sobre a autoimagem, é importante saber que, muitas vezes, a autoimagem real (como a pessoa se vê) é diferente da sua autoimagem ideal (como a pessoa gostaria de se ver) e da autoimagem de acordo com os outros (como a pessoa pensa que os demais a veem). Os resultados de pesquisa nessa área são irregulares, devido à dificuldade de projeção e complexidade dos estudos.

❏ **Valores:** "crenças que embasam as atitudes e o comportamento do consumidor. Depositados num nível mais profundo que o comportamento e a atitude, os valores centrais determinam, fundamentalmente, as escolhas e os desejos no longo prazo" (KOTLER, 2006, p. 182). Muitas empresas agem tentando trabalhar com o subconsciente da pessoa para influenciar o consciente.

Fatores Psicológicos

Os principais fatores psicológicos são motivação, percepção, aprendizagem e crenças e atitudes.

❏ **Motivação:** o motivo é a necessidade tida como suficientemente importante e que leva a pessoa a consumir. Pode ser uma necessidade fisiológica, como fome, sede e desconforto, ou psicológica, como a necessidade de reconhecimento, de autoestima e de integração. As três principais teorias da área de motivação aplicadas ao marketing são as de Freud (que são as inconscientes e cujas motivações as pessoas não conseguem entender), a de Maslow (as necessidades humanas são hierárquicas, começando pelas mais urgentes, que são as necessidades básicas, passando pela segurança, sociais, de estima e, por último, a de autorrealização) e a de Herzberg (que trabalha com a teoria dos dois fatores: satisfatores e insatisfatores, a partir do qual o cliente compra quando nota a presença de satisfatores).

❏ **Percepção:** Kotler (2000, p. 195) esclarece que a percepção "é o processo por meio do qual uma pessoa seleciona, organiza e interpreta as informações recebidas para criar uma imagem significativa do mundo". As pessoas podem ter diferentes percepções, que podem ser: atenção seletiva (a que informações essa pessoa prestaria atenção), distorção seletiva (tendência a criar pré-julgamentos), retenção seletiva (retém as informações que se aproximam de suas crenças e atitudes) e percepção subliminar (mensagens que os consumidores não percebem e influenciam no comportamento destes).

❏ **Aprendizagem:** a aprendizagem "envolve mudanças de comportamento de uma pessoa surgidas da experiência" (KOTLER, 2000, p. 196). Os teóricos que se dedicam ao estudo sinalizam, de acordo com Kotler (2000), que o comportamento é aprendido por uma interação de impulsos, sinais, respostas e reforços.

❏ **Crenças e atitudes:** "É o pensamento descritivo que uma pessoa mantém a respeito de alguma coisa" (KOTLER, 2000, p. 196). Originam-se do conhecimento, opinião ou fé e podem ou não ter uma carga emocional. E uma atitude "corresponde a avaliações, sentimentos e tendência de ação duradouros, favoráveis ou não, a algum objeto ou ideia" (KOTLER, 2000, p. 197). Estas relacionam-se em maior amplitude com a religião, política, roupa, música, comida, esporte. Mudar a atitude não é tarefa simples. É mais fácil adaptar o produto ou serviço a determinadas atitudes, porque elas levam a pessoa a rejeitar ou a negar-se a comprar ou usar determinado produto ou serviço.

O Processo de Decisão de Compra

Esse processo é formado por cinco estágios: reconhecimento do problema, busca de informações, avaliação de alternativas, decisão de compra e comportamento pós-compra. Nem sempre um comprador passa por todas as etapas a cada compra que faz, assim como esses estágios podem ser invertidos ou, ainda, pode-se pular qualquer um dos estágios, dependendo da situação.

Vamos estudar cada um dos cinco estágios em detalhes para facilitar a apreensão dos conceitos.

❏ **Reconhecimento do problema:** o processo de compra começa com o reconhecimento de uma necessidade, que pode ser provocada por estímulos externos ou internos. A necessidade sobe para o nível da consciência e passa pelo impulso, ou pode ser que o desejo passe pela visualização de um produto.

- **Busca de informações:** o interesse inicial pode levar a uma necessidade de busca de informações sobre o produto ou serviço que deseja obter. As fontes de informações podem ser pessoais, comerciais, públicas e experimentais.

- **Avaliação de alternativas:** não há um único processo de avaliação de alternativas. Avaliações são racionais e conscientes. Os compradores prestarão atenção aos atributos do produto ou serviço. O que influenciará o processo serão crenças e atitudes, além da expectativa em relação a valores (preços).

- **Decisão de compra:** nesta etapa surgem as preferências: por marca, revendedor, quantidade, ocasião e forma de pagamento. O fator de interferência pode ser o risco, seja ele funcional, físico, financeiro, social, psicológico ou de tempo.

- **Comportamento pós-compra:** após a compra, o cliente irá comparar aspectos inquietantes ou informações que ouviu, e pode haver dissonância cognitiva. Por isso, o trabalho não termina quando o produto ou serviço é comprado. Ao contrário, aí começa a fase de buscar a satisfação (expectativa e desempenho do produto) e as ações de retenção, fidelização e solução de problemas quando o comprador se sente insatisfeito. Até mesmo a forma de descarte é uma variável para entender a frequência de compras.

Outras Teorias Sobre o Processo de Decisão de Compra

Também há estudos sobre o nível de envolvimento do consumidor em termos de engajamento e processamento de respostas ao estímulo de marketing quando ele avalia um produto ou serviço.

Há estudos que mostram qual o tipo de avaliação e de decisão de compra quando os clientes participam de avaliações em situações de alto e baixo envolvimento com o produto ou serviço adquirido.

Assim como muda o comportamento de compra quando o consumidor procura por variedade, troca de marca com frequência, talvez até por insatisfação com outras marcas experimentadas.

Também há estudos e pesquisas que medem a probabilidade de ocorrência de um resultado ou evento futuro. Os gerentes precisam estar atentos a erros comuns que são cometidos: precipitação, cegueira estrutural, falta de controle da base de análise, excesso de confiança no próprio julgamento, atalhos míopes, falar sem pensar, falta de gerenciamento de grupo, iludir-se com o feedback, falta de acompanhamento e falta de avaliação do processo de decisão.

O importante é que o profissional de marketing pode saber mais desses estágios de compra pensando em como ele mesmo agiria naquela situação (método introspectivo), conversando com um pequeno grupo de consumidores e perguntando os fatos que os levaram a comprar o produto ou serviço (método retrospectivo), identificando os consumidores que gostariam de adquirir o produto ou serviço e que relatem como seria para eles passar por esse processo de compra (método prospectivo) ou pedindo que eles relatem como seria a maneira ideal de ter acesso ao produto ou serviço (método prescritivo).

Também é importante que não se esqueça das perguntas clássicas do planejamento: o que, para quem, como, onde, quando, quanto, por que.

8.3. ATIVIDADE DE AUTOAVALIAÇÃO

Tente recordar-se dos três últimos produtos ou serviços que comprou. Como se deu o processo de decisão de compra? Relate em detalhes.

Capítulo 9
SEGMENTAÇÃO DE MERCADO

> **Objetivos do Capítulo:**
> ❑ Apresentar ao aluno a importância da segmentação do mercado (consumidor e organizacional).
>
> **Competências:**
> ❑ Analisar os mercados consumidor e organizacional corretamente.
>
> **Habilidades:**
> ❑ Segmentar corretamente os mercados consumidor e organizacional com as variáveis correspondentes.

9.1. INTRODUÇÃO

No capítulo anterior vimos a importância da Gestão das Marcas. A empresa que quiser sobreviver no século XXI precisa diferenciar-se, e a marca possibilita isso.

Neste capítulo estudaremos a importância dada atualmente à segmentação de mercado. Se voltarmos ao conteúdo do primeiro capítulo e resgatarmos o histórico do marketing e seu surgimento, veremos que, na sociedade pós-Revolução Industrial, eram poucas as fábricas existentes, e que essas fábricas iam tomando os espaços das oficinas.

Naquele contexto, as empresas começavam a se preocupar com a concorrência e a buscar uma forma de se diferenciar. Mas, no contexto do século XXI, a concorrência é acirrada e, dependendo do produto ou serviço oferecido, há uma grande quantidade de empresas atuando no mesmo ramo. Portanto, no mercado atual, a segmentação é inevitável.

Analise a figura a seguir: o que ela representa?

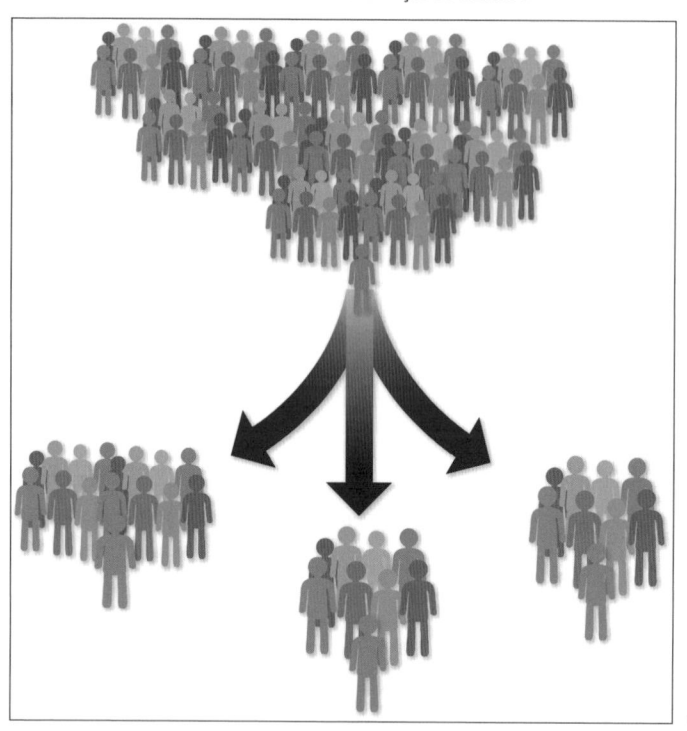

FIGURA 10 — SEGMENTAÇÃO DE MERCADO

Fonte: http://4.bp.blogspot.com

9.2. CONCEITOS

No contexto atual, toda empresa deveria definir não apenas quais necessidades do mercado consumidor ela pretende satisfazer, mas também as necessidades de quais consumidores ela atenderá.

Esse marco conceitual tem como embasamento o fato de que os mercados variam. De um lado estão os clientes, que são muito parecidos em seus comportamentos (exigências, desejos, entre outros). Vender determinado produto ou serviço nesse mercado envolve investimentos baixos. Mas de outro lado estão os clientes que procuram por atributos diferenciados. Esse mercado é heterogêneo, e esses grupos são conhecidos na área de marketing como **segmentos de mercado**.

Para esse grupo heterogêneo, o profissional de marketing poderá optar entre três *objetivos*: a) **marketing *não diferenciado*** (lança apenas um produto ou serviço, porque percebe que grande número de consumidores o aceitará, já que ele satisfaz suas necessidades/desejos); b) **marketing *concentrado*** (busca-se atender a um segmento de consumidores, porque o produto/serviço desenvolvido satisfaz necessidades/desejos específicos desse público-alvo); c) **marketing *diferenciado*** (opta-se por lançar diversas versões de um produto/serviço, cada um com apelo para um determinado público-alvo).

É importante sinalizar que, como afirma Kotler (1980, p. 178), "a determinação dos segmentos de mercado e a determinação dos objetivos de mercado são questões separadas". É preciso esclarecer que **segmentação de mercado** é o processo no qual o profissional de marketing identifica grupos de consumidores que têm como característica diferentes necessidades/desejos de consumo (público-alvo). Já ***objetivo de mercado*** é a decisão que a empresa tomará sobre a quais segmentos de mercado atender (mercado-alvo).

A partir do momento em que a empresa decide entrar em um certo nicho de mercado, é importante determinar: 1) a possível existência de segmentos de mercado diferentes do que a empresa observou durante o levantamento de dados e estudos do mercado; 2) o tamanho e quanto os consumidores desse mercado estão dispostos a pagar por seu produto/serviço; 3) como as marcas existentes se posicionam nesse mercado; 4) as possibilidades dentro desse segmento que podem ser atendidas por falta de produtos/serviços ou porque os atuais são inadequados ou ineficientes; 5) características demográficas, geográficas, psicográficas ou comportamentais que permitirão atender eficientemente a esse segmento.

Mas tome ***cuidado*** ao identificar o que se chama de "segmentos atrativos", porque o fato de saber/perceber que esse mercado não está sendo atendido ou se o fazem de forma inadequada ***não garante sucesso imediato***.

Do profissional de marketing demanda-se que esteja atento a três exigências essenciais para se segmentar um mercado de maneira eficaz: 1) mensurabilidade (quanto de informação há sobre esse mercado ou que seja possível adquirir por meio de pesquisa de mercado e sobre as características dos consumidores potenciais); 2) acessibilidade (o grau em que a empresa conseguirá focalizar seus esforços de marketing no mercado-alvo escolhido); 3) substancialidade (identificar se os segmentos são grandes ou lucrativos para serem considerados como público-alvo da empresa neste primeiro momento).

Em 1980, o autor Philip Kotler, em seu livro denominado *Marketing*, comenta que a segmentação naquela época era um conceito relativamente novo. Era revolucionário para a época, já que, anteriormente, era comum empresas que investiam em uma única marca distribuída em massa. Isso reduzia os custos com a comunicação e permitia que a empresa vendesse esse produto a preços acessíveis, recuperando o investimento e aumentando os lucros.

Mas, com o aumento da concorrência, as empresas que tinham orientação de vendas tiveram que começar a *diferenciar* seus produtos. Surgiram produtos de diversos tamanhos, cores, embalagens, mas ainda sem uma consulta prévia e sem estudos detalhados sobre o segmento de mercado.

Aos poucos, as empresas vão assimilando a ideia de que as estratégias de marketing já não podem começar pela distinção e identificação das possibilidades de novos produtos/serviços. Essa análise deve começar distinguindo os grupos de consumidores potenciais.

Por isso, para Kotler (1980, p. 180), "segmentação de mercado é a subdivisão de um mercado em subconjuntos distintos de clientes, em que qualquer subconjunto pode, concebivelmente, ser selecionado como um objetivo de mercado, para ser alcançado com um composto de marketing distinto".

Resumindo: segmentar é dividir o mercado com a finalidade de conhecê-lo melhor. Tal divisão permitirá levantar as reais necessidades e desejos de seus consumidores, e, depois de ouvi-los, você poderá desenvolver ou melhorar os produtos ou serviços que oferece.

Até mesmo as empresas multinacionais se preocupam com a segmentação de mercado. Isso se dá pelo fato de que, quanto mais segmentado o mercado, mais certeira será a divulgação, melhores serão os resultados e os impactos causados pela comunicação e propaganda, mais satisfeito ficará o cliente, e os seus investimentos diminuirão.

Vamos supor que você disponha de um orçamento de 1 milhão de reais e, segundo os resultados da sua pesquisa, seu público-alvo atual chega a 6 milhões de consumidores potenciais (que podem vir a consumir o seu produto ou contratar o seu serviço).

Neste caso, se você desenvolve uma campanha publicitária com qualidade e profissionalismo, limitando o alcance e os meios de comunicação usados, o impacto da propaganda será maior do que se divulgasse o mesmo produto/serviço com alcance para 70 milhões de consumidores.

Isso seria possível porque os resultados das pesquisas contratadas sinalizam que somente 10% deste último público têm potencial ou interesse em adquirir seu serviço ou produto.

Resumindo: ainda hoje em dia é comum observar empresas que numa única ação de marketing enviam mala direta, distribuem folders, colocam outdoors em locais de alta circulação de pedestres ou veículos, veiculam em meios de comunicação de massa, entre outros, *tudo isso porque creem que assim venderão mais*. Nem sempre funciona assim. Essa realidade mudou, e muito!

Atualmente, a empresa que mais vende e que tem maior lucratividade e rentabilidade é aquela que conhece melhor o cliente, o mercado-alvo, os concorrentes, que segmenta corretamente o mercado e trabalha sistematicamente para alcançar um correto posicionamento de seu produto ou serviço na mente do consumidor.

Segmentação do Mercado Consumidor

Os profissionais de marketing dividem o mercado em segmentos baseados nas seguintes variáveis: geográficas, demográficas, psicográficas, comportamentais ou multiatributos.

Segmentação Geográfica

Divide-se o mercado de acordo com critérios geográficos, por exemplo, consumidores do mesmo bairro, cidade, país, região, continente, bloco de países, entre outros. De acordo com Kotler (1980, p. 183), "a empresa reconhece que os potenciais de mercado e os custos variam com as localizações dos mercados". Desta forma, a empresa avalia quais mercados geográficos trarão melhores resultados.

Segmentação Demográfica

Reparte o mercado em diferentes partes, tais como a idade, gênero, renda salarial, grau de instrução, cor, raça, religião, estado civil, quantidade de filhos, entre outros. Segundo Kotler (1980, p. 183), as variáveis demográficas há muito tempo são "as bases mais populares para se distinguir os agrupamentos mais significativos de mercado. [...] as necessidades dos consumidores ou as taxas de uso são geralmente muito associadas com as variáveis demográficas; [...] são mais fáceis de se medir do que os outros tipos de variáveis".

Segmentação Psicográfica

Neste segmento, faz-se uso de conhecimentos da área da psicologia e da demografia para entender melhor os consumidores. Estes serão divididos de acordo com seu *estilo de vida* (cuidado com a saúde, cuidado com o corpo, com a alimentação, o gosto por esportes, por caminhadas) e sua **personalidade** (compulsiva, autoritária, ambiciosa, entre outras). Ou seja, dentro de um mesmo grupo demográfico, poderemos ter perfis diferentes.

Segmentação Comportamental

Segundo Kotler e Keller (2006, p. 245), nesta divisão de mercado, os consumidores são divididos em grupos de acordo com seus conhecimentos, atitudes, uso e resposta de um produto. Avalia-se a ocasião de compra (esporádica, especial), os benefícios (qualidade, garantia, economia, rapidez), o status do usuário (não usuário, ex-usuário, usuário potencial), o índice de utilização (são denominados *light user*, *medium user* ou *heavy user*), o status de fidelidade (nenhuma, forte, média, absoluta), o estágio de prontidão (disposto a comprar, desconhece o produto, interessado, desejoso) e sua atitude em relação ao produto (entusiasta, indiferente, negativa, indecisa, hostil).

Segmentação por Multiatributos

É quando se faz um cruzamento de distintas variáveis para se chegar a um melhor conhecimento e melhor alcance do público-alvo por questões pertinentes que fazem da segmentação por multiatributos a ideal para esse mercado e público que se pretende alcançar (LAS CASAS, 2006).

Segmentação do Mercado Organizacional

Na segmentação dos mercados organizacionais podem-se utilizar algumas variáveis usadas na segmentação dos mercados consumidores.

As características pessoais do comprador são as variáveis às quais se dá menor importância, porque se parte da base de que o interesse maior é identificar as necessidades da empresa. O contato com o comprador é analisado no estudo de comportamento do consumidor organizacional.

As principais variáveis de segmentação do mercado organizacional, de acordo com Kotler e Keller (2006, p. 255), são: demográficas (setores, porte da empresa), geográficas (localização da empresa), operacionais (tecnologia, status de usuário ou não usuário, recursos dos clientes), abordagens de compra (organização, estrutura de poder, natureza dos relacionamentos, políticas gerais de compras e critérios de compras), fatores situacionais (urgência, aplicação específica, tamanho de pedido) e características pessoais (similaridade comprador/vendedor, atitudes em relação ao risco, fidelidade).

9.3. ATIVIDADE DE AUTOAVALIAÇÃO

Preencha a tabela a seguir tendo como base a análise de segmentação de mercado da área comercial próxima à sua residência, trabalho ou estudo.

Variáveis de segmentação do mercado consumidor	Ramo de atuação da empresa observada
Geográfica	
Demográfica	
Psicográfica	
Comportamental	
Multiatributos	

Capítulo 10

POSICIONAMENTO DE PRODUTO OU SERVIÇO

> **OBJETIVOS DO CAPÍTULO:**
> ❏ Compreender a importância do posicionamento de produtos e serviços no mercado para diferenciação da concorrência.
>
> **COMPETÊNCIAS:**
> ❏ Analisar o processo de posicionamento no mercado e consolidação da marca frente aos consumidores.
>
> **HABILIDADES:**
> ❏ Aplicar as informações obtidas sobre posicionamento e determinar formas de criar imagem positiva junto aos consumidores.

10.1. INTRODUÇÃO

Neste capítulo você aprenderá que posicionar significa direcionar o caminho que deseja seguir e também como deseja ser visto pelos seus clientes. Ou seja, que lugar sua marca, produto ou serviço ocupa na mente dos consumidores. Como você verá no próximo capítulo, o *brand equity* define o diferencial da marca e como ela é projetada no mercado. Daí a importância de se construir um patrimônio da marca, com valores agregados a ela.

O posicionamento de uma marca, produto ou serviço representa muito para uma empresa, pois através dessa ação ela se apresenta ao mercado interno e externo e determina qual será sua participação e qual será a imagem a ser divulgada junto ao seu público-alvo e potencial.

Após conhecer o processo de segmentação e perfil do consumidor, é chegado o momento de aprender como posicionar a marca, produto ou serviço da empresa no mercado, diferenciando-se da concorrência. Será, ainda, o momento de aprender como pensar estratégias de competitividade e percepção do segmento-alvo ou potencial.

O processo de construção da percepção do consumidor foi estudado no Capítulo 8 (referente comportamento do consumidor), quando você aprendeu que este é um processo individual e que depende de diversas influências externas e internas.

Após o mercado ser segmentado, temos como direcionar e posicionar o produto/serviço ou marca, uma vez que sabemos quem são os segmentos-alvo que devemos atingir, seu perfil e o comportamento desses consumidores. Quanto mais segmentado, mais fácil é alcançar o público-alvo. Dessa maneira é possível desenvolver um esforço do composto de marketing direcionado ao cliente e a melhor maneira para conquistá-lo e fidelizá-lo.

Você já ouviu falar em "Top of mind"? São marcas e produtos que são lembrados assim que mencionamos o segmento ao qual se refere. É um tipo de pesquisa para conhecer as marcas líderes e mais lembradas, consequentemente, melhores posicionadas no mercado. Se eu disser refrigerante, que marca lhe vem à mente? Essa marca será Top of mind!

10.2. CONCEITOS

O que é Posicionamento?

O posicionamento de mercado consiste no processo de segmentação da marca e do produto junto ao seu público-alvo e também na definição da imagem percebida pelo consumidor a respeito da marca ou produto. Como afirmam Kotler e Keller (2006, p. 304), "toda estratégia de marketing é construída com o trinômio SMP — segmentação, mercado-alvo e posicionamento". Ainda para os autores, posicionamento é "a ação de projetar o produto e a imagem da empresa para ocupar um lugar diferenciado na mente do público-alvo" (KOTLER; KELLER, 2006, p. 305).

Primeiramente a empresa deveria identificar necessidades e grupos diferenciados no mercado que poderia atender. Em seguida, a empresa precisa estabelecer quais necessidades e grupos ela poderia atender tendo um diferencial de mercado e, então, posicionar sua marca, produto ou serviço usando ações de marketing para que o mercado-alvo identifique sua presença. Mas nesse processo não pode haver falhas, senão o público pode ficar confuso e não assimilar a estratégia da forma como foi planejada.

Portanto, é o posicionamento que definirá a posição da empresa frente aos competidores. Também definirá como a empresa será percebida pelos clientes. A finalidade do posicionamento é o de estreitar vínculo por meio da segmentação de mercado, para gerar melhores resultados de propaganda e atingir com maior eficácia o público-alvo.

O importante no momento da criação da estratégia de posicionamento é a reflexão de como será realizada a ativação da imagem da marca através dos processos de comunicação do composto promocional.

Para uma empresa de grande porte ou com possibilidade de alto investimento em propaganda, posicionar uma marca é questão de dias ou meses, mas para uma empresa de pequeno porte ou sem fins de lucro, com baixo aporte para investir em propaganda, isso pode demorar mais e, no caso de reposicionamento, pode-se esperar por um resultado que venha depois de anos de pequenas ações. Ou seja, posicionamento de mercado acontece o tempo todo, mesmo que a empresa nem tenha conhecimento desse fato. O dono da micro ou pequena empresa percebe como a empresa é vista pelos compradores.

A divulgação nas mídias através de propaganda, as promoções de venda e merchandising são ações de marketing direto e marketing digital que contribuem muito para alavancar a imagem da empresa e sua marca junto ao consumidor.

As pequenas empresas, atualmente, têm usado as redes sociais da internet para posicionar a marca e mostrar produtos ou serviços ao seu público-alvo, o que é fantástico, desde que esse espaço seja atualizado com frequência. Caso contrário, essa ferramenta pode distanciar o cliente ou mostrar que a empresa não se preocupa com sua imagem.

Posicionamento é coisa séria! O posicionamento exige, por parte da empresa, que haja consistência de todos os elementos do composto de marketing atuando em torno de um planejamento mercadológico que permita determinar objetivos e metas, e estratégias para alcançá-las. Cobra (2009, p. 158) destaca que o posicionamento da marca, do produto ou serviço na mente do consumidor "obedece algumas regras básicas para entender como ele [cliente] vê o produto":

- O **preço** como diferenciador de valor.
- A **qualidade** do produto como fator de referência da marca.
- O **valor percebido** como determinante da importância do produto.
- A **imagem da marca** como fator de lembrança do produto.

É por esse motivo que "o posicionamento leva em conta as características do produto [ou serviço], isto é, os fatores de desempenho e os benefícios buscados, que são a quantidade de prêmios que o consumidor espera obter com a posse ou uso do produto [ou serviço]" (COBRA, 2009, p. 158).

Os autores clássicos da área de posicionamento de mercado são Al Ries e Jack Trout, e para eles:

> O posicionamento começa com um produto. Uma mercadoria, um serviço, uma empresa ou até uma pessoa [...]. Mas o posicionamento não é o que você faz com um produto. O posicionamento é o que você faz na mente de um cliente em potencial; ou seja, você posiciona o produto na mente do cliente em potencial. (RIES; TROUT apud COBRA, 2009, p. 158)

O posicionamento apresenta muitas vantagens para as marcas e produtos em um mercado de acirrada concorrência como o atual. A diferenciação e a percepção de uma marca e um produto ou serviço de alto desempenho torna a qualidade adequada às expectativas do consumidor.

Mas também é importante destacar que, no mercado atual, com a alta exposição de imagens brigando por um espaço na mente do consumidor, a estratégia é investir em diminuir o nome ou abreviá-lo, e investir na assimilação de símbolos ou de ícones. Muitas empresas são lembradas por seus ícones, pequenos símbolos que nos remetem à memorização da marca. As empresas líderes no mercado brasileiro têm, no máximo, cinco letras como marca.

Desta forma, posicionar o produto ou serviço adequadamente no mercado significa, por um lado, apresentar vantagens competitivas e definir o posicionamento competitivo. Por outro, simplificar a forma de assimilação da imagem por parte do consumidor.

Portanto, esse processo deve seguir os critérios definidos tanto para a marca quanto para o produto ou serviço que se deseja posicionar na mente dos consumidores, buscando simplicidade e efetividade.

Já as vantagens competitivas devem ser destacadas para o desenvolvimento das estratégias de marketing, apresentando o grau de importância do produto ou serviço como um benefício valorizado por um número significativo de clientes.

A questão de ser comunicável é fundamental para o posicionamento da marca ou do produto/serviço. As vantagens precisam ser comunicadas aos clientes de uma maneira objetiva, e os clientes devem identificá-las rapidamente, pois a cada dia os compradores ficam mais exigentes e com menos tempo para reflexão.

De acordo com Cobra (2009, p. 159), os benefícios do posicionamento são:

❑ Adequação da qualidade do produto às expectativas do consumidor.

❑ Aprimoramento do desempenho do produto.

❑ Ampliação da confiabilidade do consumidor no produto.

❑ Melhora da segurança do produto.

❑ Melhora da relação custo-benefício.

❑ Ampliação do prestígio do produto.

❑ Redução do preço para melhor enfrentar a concorrência.

❑ Melhora do estilo do produto.

❑ Proporcionar maior facilidade para o uso do produto.

❑ Melhora da conveniência do produto para o consumidor.

❑ Melhora do valor percebido pelo consumidor.

Com tantos benefícios para se posicionar o produto/serviço e a marca no mercado, é possível se perguntar o porquê de tantas empresas que já foram Top of mind estarem atualmente "implorando" para que os compradores voltem a comprar seus produtos. A resposta se deve ao fato de que o produto/serviço e a marca precisam ser analisados e repensados periodicamente.

Uma empresa que é Top of mind não pode se dar ao luxo de achar que o fato de os consumidores se lembrarem da marca é suficiente para ter vida longa. Um consumidor precisa se lembrar da sua marca e comprar o seu produto. É a venda concreta que garante fluxo de caixa.

Tomem cuidado para não cair nas armadilhas de empresas que são Top of mind! Não somente as grandes empresas o são, as pequenas também. No município ou bairro sempre há as empresas que se destacam, marcas de que as pessoas se lembram espontaneamente e indicam ou reprovam. Por isso, comece a repensar a forma de agir como empresa de pequeno e microporte, porque tudo o que você faz e o modo como atua estão registrados na mente do consumidor.

Estratégias de Posicionamento

As estratégias de posicionamento podem ser de marcas, empresas, produtos ou serviços, que visam ser percebidos pelo consumidor.

Uma das estratégias é a de associação que se deseja traçar em termos de diferença ou paridade (KOTLER; KELLER, 2006). No ponto de diferença trabalha-se com qualidades ou benefícios que o comprador associa à marca, produto ou serviço da empresa. Já na paridade, a associação tem a ver com aspectos que são compartilhados com outras marcas e se dividem em paridade de categoria ou de concorrência.

Na paridade de categoria, a associação é vista pelo comprador como essencial para que o produto/serviço seja confiável a ponto de pertencer ao rol de produtos/serviços que ele consumirá. Os pontos de paridade de concorrência envolvem associações que têm a finalidade de anular as diferenças do concorrente.

Outra técnica é a de diferenciação, que pode ser baseada no produto, nos funcionários, na imagem ou nos canais.

A diferenciação baseada no produto tem como foco mostrar os diferenciais deste perante a concorrência, atrelados, ainda, a preço ou praça (ponto de venda).

A diferenciação baseada nos funcionários leva a estratégia de que o atendimento diferenciado e de qualidade é necessário para se posicionar como uma empresa que preza pelo zelo da relação com o cliente.

A diferenciação pela imagem se atrela à identidade e à imagem. Para Kotler e Keller (2006, p. 315), a identidade "é o modo como a empresa busca identificar ou posicionar a si mesma ou a seu produto", e a "imagem é o modo como o público vê a empresa ou seus produtos".

A estratégia de posicionamento representa um método para se alcançar um objetivo e o caminho para se chegar até lá.

Estratégias de Reposicionamento

Para Cobra (2009), o reposicionamento é a mudança que a empresa decide tomar para sua marca, produto ou serviço buscando alcançar uma nova imagem ou identidade junto ao público-alvo ou, ainda, tentando alcançar outro nicho de mercado, diferente daquele em que atuava.

Entre as principais técnicas, podem-se destacar:

- Atributo ou benefício, que são as características físicas do produto ou o prêmio que o comprador busca receber pelo fato de voltar ou passar a consumi-lo.
- Qualidade e preço pensando na relação custo-benefício.
- Uso e usuário, quando se leva em conta o tipo de comprador que o usará e como será valorizado.
- Categoria de produto como forma de rever como o usuário se identificará com o produto ou serviço adquirido.

❑ Concorrência em perspectiva comparativa, sempre buscando um diferencial de mercado.

❑ Mapear a percepção do comprador numa perspectiva bidimensional ou multidimensional, buscando dois ou mais fatores nesse mapeamento.

Na fase de reposicionamento, mais do que nas etapas anteriores, o importante é se diferenciar, ou seja, agregar valor àquele que volta ou passa a adquirir o produto/serviço ou ter contato com a marca. Para Cobra (2009, p. 165), diferenciar é "o ato de desenvolver um conjunto de diferenças significativas para distinguir a oferta da empresa das ofertas dos concorrentes diretos e indiretos".

E indo além da proposta de Cobra (2009), reposicionar é uma nova chance de voltar a crescer, quando a empresa, produto ou serviço encontram-se na maturidade ou declínio. É uma nova chance de chegar a outros públicos e até mesmo de resolver problemas de demanda indesejada ou excessiva. É o momento de recomeçar!

10.3. ATIVIDADE DE AUTOAVALIAÇÃO

O posicionamento é uma estratégia muito utilizada por grandes marcas, pois conquista cada vez mais o *market share* e fideliza seus consumidores. Descreva o modelo de posicionamento de uma marca a sua escolha e explique por que você considera que essa marca (ou produto) se fixou em sua mente e você se tornou fiel a ela.

Capítulo 11
GESTÃO DE MARCAS

> **OBJETIVOS DO CAPÍTULO:**
> ❑ Apresentar para o aluno a importância da gestão da marca da empresa.
>
> **COMPETÊNCIAS:**
> ❑ Elaborar estratégias para a gestão da marca da empresa.
>
> **HABILIDADES:**
> ❑ Ter aptidão para gerenciar o *brand equity* (patrimônio da marca).

11.1. INTRODUÇÃO

Chegou o momento esperado por muitos alunos desta disciplina: o de aprender estratégias para a gestão da marca.

Mas o que é uma marca?

Faça uma busca na internet, livros, artigos, revistas:

- ❑ Analise a forma, a cor, a escrita, o símbolo.
- ❑ Essas marcas têm sempre a mesma cor?
- ❑ Como surgiram essas marcas?

(Anote suas respostas, porque serão recuperadas nos exercícios deste capítulo.)

Este primeiro contato com a marca é importante para que possa aproveitar e entender os conceitos que serão apresentados neste capítulo.

Toda marca tem uma história. Tem uma origem. Toda marca tem seu ciclo de vida (introdução, crescimento, maturidade, declínio e saturação).

Muitas empresas sabem que o investimento na propagação de sua marca é essencial para o sucesso da empresa.

Também é certo que as empresas não mudam a marca com frequência porque esse é um processo que demanda altos investimentos, estratégias de reposicionamento, e porque o processo de decisão da escolha da marca é difícil, demanda pesquisas de mercado, assessoria de profissionais competentes e feedback constante do consumidor final.

A marca é tão importante, que empresas que trabalham com a venda de cigarros pararam de veicular suas marcas em meios de comunicação de massa por respeito à legislação vigente, mas ainda têm suas marcas posicionadas na mente do consumidor.

Por esse motivo, é importante que se faça uma revisão no conteúdo do capítulo de Promoção (Capítulo 4), uma vez que as técnicas e marca "andam de mãos dadas".

O mundo das marcas atrai a atenção dos alunos. São muitas famosas que vemos frequentemente nos comerciais, outdoors, entre outros. Mas também são muitas as marcas que não vemos mais, muitas não circulam há anos.

Por isso, lhe convidamos a realizar o seguinte exercício:

- ❑ Faça um esforço para se lembrar de marcas que você já não vê há muito tempo.
- ❑ Que memórias você resgata ao se lembrar dessas marcas?
- ❑ Se essas marcas eram tão conhecidas, por que desapareceram do mercado?

11.2. CONCEITOS

Histórico

Marca vem do inglês *brand* (palavra anglo-saxônica), cuja origem vem do escandinavo *brandr*, que significava o ato de queimar.

Por isso é comum pensar na marca como o efeito de "marcar", de "ficar marcada". Essa foi uma necessidade de comunidades antigas, principalmente na época em que o produto precisava ter uma identificação de quem o fabricava para saber se atendia aos requisitos e se tinha o peso correto (na Inglaterra do século XIII). E essa forma de identificar produtos perdurou até os dias atuais. A identificação ainda é uma das principais funções de uma marca.

Já nos séculos XVII e XVIII, os artesãos utilizavam-se das marcas (impressões digitais ou símbolos como estrelas ou cruzes) como qualidade ou ainda para designar a origem do produto.

Mas é a partir do século XIX, após a Revolução Industrial e com o aumento da concorrência (como visto nos capítulos 1 e 2), que a marca se consolida e recebe atenção como importante agregado na composição do produto ou serviço oferecido.

Recordando a disciplina de Teoria Geral da Administração, com a produção em massa e as melhoras na distribuição dos produtos (consequência do advento da modernização dos transportes), a livre concorrência se expande.

A oficina artesanal é substituída pelas fábricas, e produtos semelhantes são oferecidos no mercado com frequência, forçando os fabricantes a buscar formas de diferenciar seus produtos, ou seja, "a marca deixou de ser vista apenas como o símbolo visual ou gráfico de denominação de origem para passar a ser todo um sistema que gira em redor do produto" (RUÃO, s.d., p. 3).

Também nessa época começa a preocupação com as garantias e registros das marcas (Lei de Marcas de Mercadoria na Inglaterra, 1862, a Lei Federal da Marca de Comércio nos EUA, 1870, e também a Lei para a Proteção de Marcas na Alemanha, 1874).

Para Klein (2002, p. 29), foi no final da primeira metade do século XX que as empresas visualizaram o verdadeiro significado das marcas, porque "havia a crescente consciência de que uma marca não era apenas uma mascote, um lema ou uma imagem impressa na etiqueta do produto de uma companhia; a companhia, no seu todo, podia ter uma identidade de marca ou uma 'consciência empresarial' [...]".

Ou seja, a marca aos poucos deixa de ser caracterizada como um atributo físico do produto e passa a assumir características intangíveis (aquilo que não se pode tocar, abstrato) e desperta o interesse de pesquisadores nas áreas de sociologia, antropologia, psicologia, entre outros — porque passa a influenciar o comprador no ato da compra.

Observando sua evolução, o grande *boom* das marcas acontece na década de 1980, quando a Bolsa de Valores identificou que esse atributo chegava a aumentar o valor de uma empresa muito acima do valor de seus ativos e do total de vendas anuais. O Marketing Science Institute reconhece o *brand equity* (patrimônio da marca) como o fenômeno do valor agregado a um produto ou serviço quando atrelado a determinada marca.

As teorias atuais atribuem importante papel no posicionamento de produtos ou serviços, atribuem promessas de valor, ou seja, **o que se estuda hoje em dia é a simbologia da marca**. Mas também é importante mencionar que as funções clássicas da marca continuam presentes até os dias atuais.

> Na verdade, a moderna teoria da marca assume a complexificação do seu modo de funcionar, na atual teia social de nomes, logotipos e símbolos. E atribui-lhe novas funções, para além das tradicionais identificação e diferenciação da oferta. Refere-se à de posicionamento dos produtos (Aaker, 1991, 1996; Rubenstein, 1996); à de promessa de estabilidade (Kapferer, 1991; De Chernatony, 1993); à de estratégia de defesa, para empresas e consumidores (Egan e Guilding, 1994); à de memória, junto dos públicos (Berry e Parasuraman, 1993); à de orientação futura dos produtos (Kapferer, 1991); ou à de imagem (Semprini, 1995; Frost e Cooke, 1999). Embora, e na realidade, estas dimensões não constituam verdadeiras novidades, mas antes uma leitura mais alargada das funções tradicionais, em conformidade com as alterações produzidas nos ambientes organizacionais. (RUÃO, s.d., p. 5)

Conforme mencionado anteriormente, a marca, desde a Revolução Industrial, assume posição fundamental no processo de diferenciação e identificação de empresas, produtos e, mais adiante, de serviços. Ela passa por um processo, migrando de atributos físicos a simbólicos e, atualmente, agrega valor a produtos ou serviços.

Definições

Para Kotler (1999, p. 233):

> Uma marca é um nome, termo, sinal, símbolo ou desenho, ou uma combinação dos mesmos, que pretende identificar os bens e serviços de um vendedor ou grupo de vendedores e diferenciá-los dos concorrentes. Um nome de marca é aquela parte da marca que pode ser pronunciada ou pronunciável.

É interessante analisar esse conceito de Kotler e perceber que, no final do século XX, a marca ainda não tinha sido conceituada por esse autor com destaque principal à simbologia. Nessa época, já eram muitas as pesquisas que mencionavam a possibilidade de venda através da percepção sensorial (atenção direcionada a persuadir o consumidor a comprar — isolando-o da atenção ao raciocínio crítico antes do ato da compra).

Mas ao analisar o conceito de Martins (2000, p. 27), você poderá notar diferenças se compará-lo ao conceito anterior. Para esse autor, a marca é "a arte de configurar a imagem da empresa e o valor do produto em cada segmento de mercado, de forma que os clientes possam entender e apreciar o que a empresa proporciona em relação à concorrência".

A partir do conceito exposto por Martins, percebe-se que a marca tem personalidade, a identidade, imagem, e as grandes empresas zelam por essas características intangíveis todo o tempo.

Roberts (2005, p. 30) desenvolve uma análise atual da marca e a associa à emoção e à paixão. Em seu livro *Lovemark*, menciona que a função das marcas é a de criar a diferença entre produtos ou serviços que corriam o risco de serem introduzidos no mercado e chegarem ao declínio rapidamente por falta de conhecimento por parte dos consumidores.

No Brasil, em 1992, Marcos Cobra (p. 323), no seu livro *Administração de marketing*, já fazia menção à marca como imagem ao afirmar que a marca "é a arte de configurar a imagem da empresa e o valor do produto em cada segmento de mercado, de forma que os clientes possam entender e apreciar o que a empresa proporciona em relação à concorrência".

No contexto da administração mercadológica atual, o conceito de marca abrange muito mais que atributos, usos e benefícios agregados. Também abraça a história, os aspectos socioculturais, os acontecimentos, o folclore, as fantasias dos consumidores.

A empresa orientada para o marketing realiza estudos prévios para entender o consumidor, suas necessidades e desejos antes de pensar a marca. É o consumidor que perceberá o produto, que dará força e presença duradouras à marca.

Atualmente nota-se que o uso da expressão *brand equity* (patrimônio da marca), no Brasil, é comum e surge a partir da junção do consumidor e de sua percepção da marca a partir de uma perspectiva emocional (o valor agregado à marca).

Então, o que vem a ser *brand equity*? Segundo Aaker (1998, p. 283), *brand equity* é "o conjunto de passivos e ativos ligados à marca — seu nome e símbolos — que adicionam ou subtraem valor com respeito a um produto ou serviço". Esses ativos incluem lealdade, o nível de conhecimento da marca, a qualidade percebida e as associações. O cálculo do valor do *brand equity* pode basear-se no preço premium que o nome suporta, no impacto do nome na preferência do consumidor, no custo de substituição da marca e no valor das ações menos o valor dos outros ativos.

O mais valioso, quando se pensa no *brand equity*, é a lealdade de sua base de consumidores — o grau em que os consumidores estão satisfeitos, têm custos de mudança de marca, gostam da marca e estão engajados. Um conjunto leal de consumidores (AAKER, 1998).

Para a empresa que se ocupa do *brand equity*, o relevante é o quanto o consumidor valoriza a marca, o quanto o consumidor se relaciona com essa imagem ou símbolo, alterando até mesmo o seu comportamento de compra.

Já o conceito de *branding*, segundo o autor Sampaio (2002), é usado para a criação de novos mercados ou quando um novo produto/serviço é criado e com ele surge um novo nicho (por exemplo, quando o telefone celular foi criado e também criou-se um novo mercado: o das pessoas que queriam se comunicar usando esses aparelhos). Também é um conjunto de tarefas assumidas pelo departamento de marketing e de comunicação empresariais com a função de melhorar o processo de gestão das marcas (tanto da empresa quanto dos produtos ou serviços ofertados).

Segundo Ries e Ries (2006, p. 18), "o principal objetivo de um programa de branding nunca é o mercado para o produto ou serviço, o objetivo é sempre a mente dos consumidores. A mente vem primeiro, o mercado segue a mente".

Gestão das Marcas

O resgate histórico e a conceituação do que é marca possibilitará a você entender como é importante cuidar de sua gestão.

Para Sampaio (2002), o valor que a marca detém é o resultado do que a empresa projetou ou reverteu em favor da força da sua empresa ou dos produtos e serviços que oferece. Essa força é percebida pelos consumidores, que chegam a modificar seu comportamento de compra em detrimento da comunicação recebida.

O mesmo autor ainda afirma que o processo que envolve a gestão das marcas é complexo. Para que esses processos sejam construídos e bem-sucedidos, dependerão de que a empresa perceba que toda e qualquer ação deve ter um objetivo único: valorizar a marca.

Para construir o valor da marca, o departamento de marketing precisa estar ciente de que será necessário desenvolver estratégias que possibilitem desenvolver conhecimento detalhado sobre o público-alvo que se deseja alcançar, acompanhar e conhecer os concorrentes para a implantação de diferenciais competitivos, transmitir confiança por meio da marca e fidelizar o cliente despertando sentimentos tais como orgulho, alegria e bem-estar.

Para que o *branding* seja eficaz (criação de novos nichos), o *brand equity* (patrimônio da marca) precisa estar em sintonia com os resultados esperados, tanto de comportamento do consumidor quanto de aceitação da marca

Resumindo: não é só o departamento de marketing que deve se responsabilizar pela divulgação da marca da empresa. A gestão da marca envolve também os processos internos, a começar pela aceitação da marca pelos próprios funcionários. As empresas de grande porte, em geral, desenvolvem campanhas internas para promover essa etapa entre seus colaboradores.

Em um mercado competitivo, em que as diferenças entre empresas de grande porte são mínimas, a gestão da marca pode fazer grande diferença.

O poder das marcas atualmente é tão imponente que nada pode ser comercializado sem uma marca (KOTLER; ARMSTRONG, 2003, p. 212).

O *branding*, para Kotler e Keller (2006, p. 269), é dotar produtos e serviços de atributos por meio do poder das marcas. Por isso, segundo os autores, as maiores marcas do mundo têm dez características em comum:

- Oferecem os benefícios que os consumidores realmente desejam.
- A marca é relevante e se mantém nesse patamar.
- Ao determinar preços, a empresa se baseia nas percepções de valor do consumidor.
- São posicionadas corretamente na mente do consumidor.
- São marcas coerentes.
- O portfólio e a hierarquia da marca é fundamentada e compreendida.
- Têm uma gama de atividades de *marketing* para a construção do *brand equity*.
- O gerente de marca entende o que a marca representa para o consumidor.
- As marcas recebem investimento e análise constantes e adequados.
- As empresas se preocupam em monitorar o *brand equity*.

Segundo Kotler e Keller (2006, p. 270), o "branding diz respeito a criar estruturas mentais e ajudar o consumidor a organizar seu conhecimento sobre produtos e serviços".

Portanto, para construir uma marca forte é preciso conhecer os consumidores e a percepção que eles têm da marca da sua empresa.

Para Kotler e Keller (2006, p. 275), a construção do **brand equity** inclui três etapas. Na primeira, é preciso pensar cuidadosamente nos elementos que darão identidade à marca, que seriam: nome, logo, símbolo, caracteres, slogan, representantes futuros da sua marca, jingle, embalagem, sinalização, entre outros. Na segunda etapa, é preciso pensar no produto, no serviço, nas atividades de marketing que serão desenvolvidas. Já na terceira etapa, é o momento de pensar se será necessário vincular a marca a uma personalidade, que indiretamente será transferida à marca como fator de credibilidade, ousadia, entre outros.

Antigamente dava-se muita importância exclusivamente aos altos investimentos destinados à vinculação da marca. Na primeira década do século XXI, dava-se grande apoio à propaganda boca a boca. Não que o investimento em marketing não seja necessário, mas somente a propaganda não cria o diferencial. O gerente de marketing do século XXI precisa saber que a propaganda e a publicidade são essenciais, mas se a propaganda traz uma imagem que não pode ser comprovada pelo consumidor, de nada vale o alto investimento.

> Uma marca não é construída exclusivamente pela publicidade. Os clientes começam a conhecê-la por meio de uma gama de contatos e pontos de ligação: observação e uso pessoal, boca a boca, interações com funcionários da empresa, contatos online ou por telefone e transações de pagamento. [...] Essas experiências podem ser positivas ou negativas. A empresa deve se empenhar tanto em gerenciá-las quanto o faz em produzir anúncios. (KOTLER; KELLER, p. 278)

Mas é importante citar que a gestão das marcas não deve se limitar a empresas de grande porte. As micro e pequenas empresas também precisam cuidar da sua marca. As técnicas para a gestão de marcas também são direcionadas às empresas de micro e pequeno porte. A filosofia para a criação do *brand equity* é o mesma. O grande diferencial é que a empresa de grande porte dispõe de alto investimento para posicionar a marca na mente do consumidor. E na empresa de pequeno porte, o principal aspecto que se leva em consideração no momento da gestão da marca é a qualidade percebida. Nisso também se insere o sentimento que o consumidor terá pela marca da sua empresa, produto ou serviço (AAKER, 1998).

É pensando nas empresas, tanto de grande como de médio e pequeno porte, ou ainda nas microempresas, que Aaker (1998) apresenta em seu livro *Marcas: brand equity, gerenciando o valor da marca* nove dimensões que um gestor de marcas deve conhecer e se atentar para tirar proveito dessa importante ferramenta intangível.

Sobre a Lealdade à Marca

A pessoa responsável pela gestão da marca deve saber que existem cinco níveis de lealdade por parte do consumidor: a) comprador comprometido (ajuda a divulgar a marca, indica o produto ou serviço); b) gosta da marca e considera-a amiga (associa simbologia, qualidade percebida, entre outros atributos); c) satisfeito, mas com medo dos custos de mudança (é leal, mas não aceita mudanças tão facilmente); d) satisfeito, compra sempre, sem razão para mudar (satisfeito com a compra e benefícios trazidos pela marca e pelo produto/serviço); e e) não leal à marca, sensível a preço, indiferente às marcas (o nome do produto tem pouca importância no momento de decisão da compra).

É possível medir a lealdade analisando as taxas de recompra, o percentual de compras e o número de marcas compradas de uma mesma empresa (quando se trabalha com linhas de produtos).

Também é possível medir a satisfação dos clientes analisando os índices na seguinte escala: se o usuário gosta da marca, se respeita a marca, se tem amizade com a marca e se tem confiança na marca.

Para Aaker (1998, p. 49), "a lealdade à marca propicia uma arrancada comercial", e, ainda, afirma que, ao contrário do que muitos pensam, "um conjunto de consumidores com lealdade à marca reduz os custos de marketing do negócio" (p. 48), ao invés de aumentar os níveis de investimento.

O autor ainda menciona que "a lealdade à marca proporciona tempo — algum espaço de vantagem — a uma empresa para reagir ao movimento da concorrência" (AAKER, 1998, p. 50). Esse tempo serve para reagir às ameaças da concorrência e é necessário em um contexto empresarial de alta competitividade.

Sobre o Conhecimento da Marca

Segundo o autor, o conhecimento da marca "[...] é a capacidade que um comprador potencial tem de reconhecer ou de se recordar de uma marca [...]" (AAKER, 1998, p. 64) e que o conhecimento da marca pode ser apresentado em quatro categorias:
1 - Top of mind: estratégias permitiram que a marca atingisse o mais alto nível de conhecimento por parte do consumidor. É uma posição especial, é lembrada antes

de outras marcas; 2 - lembrança da marca: lembrança espontânea, está muito próxima do Top of mind; 3 - reconhecimento da marca: o consumidor é convidado a se lembrar do(s) produto(s) e/ou serviço(s) que recebe(m) determinada marca; e 4 - desconhecimento da marca: o produto e/ou serviço é novo, e o consumidor ainda não assimilou a marca ou a desconhece, porque não precisa consumir determinado produto e/ou serviço.

O valor do reconhecimento da marca permite que a marca sirva de âncora e possibilite associações, como com ações sustentáveis desenvolvidas pela empresa, com campanhas realizadas que denotam qualidade, inovação, entre outros. Mas, como sinaliza Aaker (1998, p. 66), "o reconhecimento da marca é o primeiro passo básico na tarefa de comunicação. Usualmente, é desperdício tentar comunicar os atributos da marca sem que o nome esteja estabelecido o suficiente para permitir uma associação com eles. [...]", familiaridade, simpatia. O ideal é que o consumidor sinta simpatia e certo grau de familiaridade com a marca. Isso possibilita que ele continue comprando o produto e/ou serviço, sinal de comprometimento por parte da empresa com a divulgação da marca, marca a ser considerada — muitas vezes, o cliente é levado a comparar entre marcas antes de decidir pela compra.

Para alcançar o reconhecimento, o consumidor precisa ter conhecimento da marca. Para isso, o ideal é que seja diferente, memorável. Deve-se investir em um slogan ou jingle, e o consumidor precisa ser exposto ao símbolo (por meio de assessoria de imprensa, patrocínio de eventos, entre outros). Também é preciso que a empresa considere as extensões da marca e faça uso de sinais, e também esteja ciente de que a lembrança demanda repetição.

A Qualidade Percebida e a Razão de Compra

Segundo Aaker (1998, p. 88), a qualidade percebida "pode ser definida como o conhecimento que o consumidor tem da qualidade geral ou superioridade de um produto ou serviço pretendido [...]" e "a qualidade percebida de uma marca oferece uma fundamental **razão de compra** [grifo nosso]" (p. 89).

Atualmente, a qualidade percebida pode ser alcançada por meio de: diferenciação/posição — é preciso diferenciar-se, posicionando corretamente a marca no mercado consumidor. Esse empenho permitirá à empresa uma posição de destaque perante as demais; uso do preço Premium — permite diferenciar-se das demais empresas, deixando que o consumidor identifique que o preço Premium denota qualidade; o reconhecimento da qualidade por parte dos distribuidores e varejistas despertará nestes o interesse em distribuir/revender/representar determinada marca; extensões da marca — é possível usar o nome/símbolo para lançar outros produtos/serviços.

As Associações da Marca: A Decisão de Posicionamento

A associação da marca é essencial para que o consumidor crie uma imagem. Esse processo não se conquista somente com exposições da marca, é muito mais que isso. Uma marca, quando estrategicamente posicionada, assume uma posição competitiva de destaque, é vista como "um atributo desejável, um serviço amigável, ou ocupa uma posição distinta daquela dos concorrentes, como por exemplo, a única loja que entrega a domicílio" (AAKER, 1998, p. 115).

A associação da marca a características intangíveis, como qualidade, entrega, inovação, entre outras, ajudará o consumidor a processar tal informação e achar que isso é essencial no momento da compra ou da indicação.

Portanto, diferenciar-se no mercado, posicionando a marca corretamente, permite que a associação da marca a algo seja a razão da compra.

A associação da marca também é essencial quando a empresa pensa em extensões desta.

Selecionando, Criando e Mantendo as Associações

Há três princípios que precisam ser seguidos para que uma marca seja considerada bem-sucedida: que não tente ser o que não é, que a empresa consiga diferenciar a sua marca daquelas de seus concorrentes, e que a marca tenha o poder de proporcionar associações que acrescentarão valor ou fornecerão uma razão de compra (AAKER, 1998, p. 287).

É primordial que o departamento de marketing se preocupe em manter as associações da marca com o passar do tempo, administrando tal estratégia como diferencial competitivo.

O Nome, o Símbolo e o Slogan

O nome, o símbolo e o slogan são ativos valiosos para uma empresa porque são os indicadores do que é a marca, do que ela representa, e esses elementos permitem sua identificação, seu reconhecimento e as associações que virão (AAKER, 1998, p. 288).

O mesmo autor ainda destaca que:

- ❏ O nome da empresa deve ser decidido depois de minuciosa pesquisa e de um processo sistemático.
- ❏ Deve ser um nome fácil de lembrar e memorizar.
- ❏ Deve sugerir a que tipo de produto pertence.
- ❏ Deve ser apoiado por um símbolo ou logotipo.
- ❏ Deve permitir associações de marca de caráter positivo.

É possível que o nome escolhido seja restrito a determinados produtos ou serviços — não permitindo extensões da marca —, ou que o símbolo restrinja a imagem do produto ou serviço de acordo com o segmento de atuação. Portanto, depende do gestor de marketing qual estratégia seguir.

Extensões de Marca

As extensões de marca são usadas quando se decide pelo uso desta em diferentes produtos. Mas todo o cuidado é pouco quando se opta por essa extensão. O ideal é que essa decisão ocorra no momento em que a marca já esteja posicionada corretamente na mente do consumidor, para evitar potenciais perdas de identidade.

A qualidade percebida, como dito anteriormente, auxilia no processo de aceitação da marca. A extensão é uma opção quando se pode transferir ou associar: benefícios funcionais, prestígio denotado à marca, bem como status, usuários diferenciados ou produtos/serviços inovadores.

Também é importante mencionar que o uso indevido da extensão pode causar danos à imagem/identidade dos produtos/serviços iniciais da marca. Por esse motivo, a decisão pela extensão deve passar por detalhado processo, excessivas pesquisas de mercado, identificação correta do segmento de mercado que se pretende alcançar e do correto posicionamento da extensão da marca entre os consumidores (AAKER, 1998).

Revitalizando a Marca

Há sete opções para se pensar na revitalização de uma marca: aumentando o uso (pelos consumidores existentes com apoio de comunicação de massa ou ainda facilitando o manuseio ou usabilidade); investigando novos usos (inventar uma nova possibilidade de uso para o produto ou serviço); ingressando em novos mercados (levando-o ao mercado internacional ou ainda descobrindo novos nichos de mercados); reposicionando a marca (buscando ou acrescentando novas associações para a marca); aumentando o produto/serviço (com acréscimo de características ao produto/serviço que não eram esperados pelo mercado consumidor e despertando-o para a curiosidade/necessidade de uso); optando por tornar obsoletos os produtos/serviços existentes e investindo em novas tecnologias; estendendo a marca (quando houver um segmento leal à marca e caso o declínio ainda não esteja em fase avançada) (AAKER, 1998).

Branding Global e Recapitulação

Pesquisas recentes, segundo Aaker (1998), mostram que os consumidores estão se tornando, a cada dia que passa, mais homogêneos. Esse comportamento justifica a existência e reconhecimento de marcas globais (que estão presentes em mais de um país usando o mesmo nome, marca, símbolo ou slogan). Essa é a tendência mundial. A empresa deve pensar se sua marca tem um nome que será lembrado, compreendido e aceito no mercado internacional caso queira expandí-la a outros mercados.

Neste final de década, não há como negar que a marca tem um papel primordial na criação de vantagem competitiva, de valor agregado ao produto ou serviço. Outra coisa que os profissionais de marketing identificaram é que *o brand equity não se constrói sem uma estratégia de marketing que seja orientada ao consumidor, porque é o mercado que atribuirá valor e reconhecimento à marca*.

11.3. ATIVIDADE DE AUTOAVALIAÇÃO

Faça o exercício de relembrar de marcas antigas que são veiculadas até os dias atuais e responda as perguntas a seguir:

1. Que marcas sobreviveram?

2. Que estratégias essas marcas adotaram para sobreviver?

3. Que estratégias de *brand equity* essas marcas estão adotando para continuar no mercado competitivo do século XXI?

(Anote suas respostas e compare-as com as do item *Introdução*.)

Capítulo 12

MARKETING DIGITAL

> **Objetivos do Capítulo:**
> ❑ Compreender a importância do marketing digital na comunicação atual.
>
> **Competências:**
> ❑ Analisar o processo de consolidação da marca, divulgação do produto e interação com o consumidor por meio do marketing digital.
>
> **Habilidades:**
> ❑ Aplicar as informações obtidas sobre marketing digital para um produto no mercado.

12.1. INTRODUÇÃO

Com o avanço da internet e suas ferramentas de comunicação, e com a correria da vida moderna, muitas pessoas vão vencendo as inseguranças, os temores, e usufruindo da rede global de dados para realizar pagamentos, compras, comparar preços, estudar, interrelacionar-se etc.

As empresas, aos poucos, foram aprendendo a lidar e aplicar o marketing no ambiente digital. Recentemente pesquisas indicaram que ainda há falta de profissionais capacitados na área de análise de mídias sociais e redes sociais da internet. Por isso o campo de atuação do profissional na área de marketing digital é promissor.

Lembre-se: para se destacar nesse mercado é necessário "falar a língua" do seu consumidor, e isso significa usar os mesmos meios que ele utiliza para se comunicar e tornar esse consumidor mais próximo da empresa, produto ou serviço.

É nesse cenário que se destaca o marketing digital, mundo em rede com consumidores ligados nas mudanças, nas facilidades e praticidade que a internet nos traz. Essa mídia vem ganhando cada vez mais espaço, uma vez que quem não tem condições de ter um computador com a rede em casa usa a lan house ou no trabalho, na escola etc. Hoje usamos a internet para a maioria de nossas atividades, e o mercado já percebeu isso.

O Brasil se destaca cada vez mais como um país com um mercado promissor e em franco crescimento no uso da internet. Como mostram os dados da Mobile Marketing Association da América Latina, o Brasil já ultrapassou a marca de 200 milhões de celulares.

12.2. CONCEITOS

A internet trouxe com ela uma oportunidade única de ampliação e oportunidades de negócios. A rapidez, a agilidade, a facilidade, a praticidade, o grande volume de informação e a possibilidade de entretenimento e relacionamento tornam a internet mais do que uma mídia, um mundo virtual de oportunidades reais, que demanda a gestão da mudança e inovação cotidianamente.

A interação que a internet proporciona ao desenvolver as redes de relacionamento do consumidor, que cada vez se aproximam mais do comprador com o intuito de conhecê-lo e satisfazê-lo, é uma nova forma de fidelizar o cliente.

As pesquisas online e as buscas em perfis de consumidores no Facebook, Instagram, YouTube, WhatsApp, blogs, aplicativos móveis e muitas outras formas de interagir e relacionar com o consumidor facilitam o processo de aproximação e reconhecimento do consumidor e de suas preferências.

O consumidor se torna não só um receptor, mas um gerador de conteúdo e produtor de informações. Cada vez mais utiliza a internet para suas ações cotidianas, não se restringindo à comunicação. As pessoas geram conteúdos no trabalho, no lazer, nos estudos, nas compras, nos relacionamentos, enfim, a gestão de conteúdos é um desafio a todas as empresas, porque os compradores querem avaliar e interagir, querem que suas insatisfações sejam atendidas rapidamente. As redes sociais da internet oferecem chats, fóruns de discussão e atendimento online na busca por resolver problemas pontuais antes que a informação viralize na rede global.

No cenário atual da Web, o consumidor já vem sendo considerado o *prosumer*, ou seja, o produtor de conteúdo, e não mais *consumer*, termo inglês para a palavra "consumidor". Por isso "o marketing na internet ou e-commerce inclui todas as atividades de uma empresa entre fabricantes, intermediários, clientes e outros públicos que utilizam a internet para ajudar a trocar produtos" (SANDHUSEN, 2003, p. 483).

Economia Digital

A economia digital é uma realidade atual e sem precedentes. O volume de transações eletrônicas tem aumentado anualmente, incluindo transações financeiras internacionais, o *business to business* e o *business to consumer* (COBRA, 2009).

No Brasil, dados do IBGE de 2015 mostram que metade dos brasileiros está conectada à internet regularmente. Os usos são os mais diversos, incluindo pagamento de contas, transações bancárias, compras, vendas, trocas, pesquisas de preços e cotações.

Os sites que vendem produtos fabricados na China a preços acessíveis têm conquistado a atenção dos brasileiros. Outros sites internacionais são escolhidos para a compra de livros, DVDs, entre outros produtos.

Mídia Digital e Notícias Online

Atualmente na internet é possível ter acesso às mais variadas mídias, o que rompe com as barreiras que havia antes. Na internet é possível ter acesso a rádios, TVs, jornais, revistas, livros, reunindo todas as formas de comunicação.

Outro dado importante é que a internet dinamiza a fonte de informação, pois esta pode ser encontrada nas mais diversas redes sociais para a internet, com um poder de disseminação jamais presenciado.

e-Commerce e e-Business

O e-commerce inclui as vendas realizadas via internet, e o e-business, os negócios realizados via internet e o auxílio na compra de produtos e serviços via web.

O comércio e os negócios eletrônicos mudaram a forma de se comercializar na internet e tem impactado na vida das pessoas, mudando os hábitos de compra e trazendo uma mudança no comportamento familiar como um todo.

Em 2014, de acordo com a revista *Info* da Abril Cultural, o comércio eletrônico faturou 43 bilhões de reais, um aumento de 26% nas vendas em comparação com o ano anterior. Em 2007, o valor registrado foi de 6,4 bilhões.

Comunidades Virtuais, Redes Sociais da Internet

As comunidades virtuais possibilitam encontros entre pessoas de diversas partes do mundo que buscam perfis semelhantes para compartilhar interesses. Essas comunidades virtuais ou redes sociais da internet já se transformaram em um ambiente em que empresas apresentam seus produtos ou serviços, criam suas páginas, se relacionam com seus usuários e compradores, mostrando perfis atualizados, promoções etc., numa busca constante pela melhor estratégia de diferenciação na internet.

O Facebook, de acordo com informações da Agência de Notícias da Folha de São Paulo, fechou o último trimestre de 2014 com uma receita de 3,85 bilhões de dólares. A empresa também controla o Instagram e o WhatsApp, atingindo 1,39 bilhão de usuários ativos. O negócio de propaganda é responsável por 93% da renda do Facebook.

Aplicativos e Dispositivos Móveis e o Mobile Marketing

Os dispositivos móveis também ganharam pesquisas especiais no Brasil e no mundo. De acordo com o jornal online *Correio Braziliense*, a GlobalWebIndex, uma empresa especializada em estudos globais sobre internet e tecnologia, realizou uma pesquisa com mais de 40 mil usuários de internet em 32 países, com pessoas na faixa etária de 16 a 64 anos de idade.

Os resultados sinalizaram que quatro em cada cinco internautas têm um smartphone, ou seja, 80% dos entrevistados tinham um aparelho smartphone, e que 47% dos entrevistados tinham um tablet. Sobre o sistema operacional que utilizavam, 54% disseram que era Android, e 16%, iOS. Sobre os tipos de conexão móvel, 36% ainda tinham cobertura móvel 3G, contra 16% que tinham 4G, que igualou com o uso de wi-fi apenas (16%). O tempo médio de acesso é de 2,84 horas de conexão móvel diárias entre os entrevistados, entre internautas de 16 a 24 anos de idade.

Os dados mostram que as pessoas estão deixando de acessar a web para consultar dados e realizar transações em aplicativos móveis. Essa é a tendência dos negócios.

Os aplicativos precisam ser fáceis de serem acessados, intuitivos, funcionais, que facilitem as rotinas do dia a dia, sem deixar de lado a segurança de dados, a qualidade, o preço justo e a rapidez na entrega de informações ou produtos.

Com base nas informações apresentadas, você pode perceber a importância que a internet tem para o marketing. Ele anda de mãos dadas com a tecnologia, esse é o futuro. As empresas podem e devem utilizar cada vez mais esta profusão de oportunidades, mas também precisam estar prevenidas contra as ameaças que a internet oferece e se aproximar para conquistar cada vez mais o seu consumidor por meio da interatividade.

Pesquisas mostram que o brasileiro não quer gastar com aplicativos móveis, como foi o caso da pesquisa realizada pela Qualcomm, cujos dados apontam para o fato de que os brasileiros querem mais aplicativos para os seus smartphones, mas sem ter que pagar por isso (93% dos aplicativos baixados eram gratuitos). Apenas 7% dos usuários entrevistados gastavam uma média de R$3,00 com aplicativos. Esses dados são vantajosos para o Android, que ainda detém mais de 81% do mercado nacional.

Ao participar do processo criativo, da concepção do produto, do conteúdo e de sua divulgação, o consumidor se torna cada vez mais envolvido e fidelizado. Inúmeras marcas têm aproveitado as comunidades digitais e criado espaços, eventos e sites para esses perfis de consumidores. A partir do momento em que o consumidor interage com a marca, esta se consolida positivamente para ele e seu grupo de relacionamento, seja ele virtual ou real.

Marketing de Conteúdo ou Content Marketing

Marketing de conteúdo é uma maneira de engajar-se com seu público-alvo e de fazer crescer sua rede de clientes e potenciais clientes por meio da "criação de conteúdo relevante e valioso, atraindo, envolvendo e gerando valor para as pessoas de modo a criar uma percepção positiva da sua marca e assim gerar mais negócios" (ROCK CONTENT, 2016).

Para muitos profissionais da área de marketing, o conteúdo é o divisor de águas na nova era digital. O importante já não é mais realizar a segmentação do público-alvo, mas, sim, criar com riqueza de detalhes a "persona", aquela que irá consumir o conteúdo produzido e, por meio deste, adquirir o produto ou serviço oferecido pela empresa.

Portanto, todos os conteúdos são destinados a personas, que seriam os compradores ideais. Há uma série de cursos de certificação na web na área de gestão de conteúdos. O importante é saber que a "persona" consome mais informações abrangentes e de seu interesse; em seguida, se interessa pelo assunto e continuará passando pelo funil de vendas até concretizar a compra final.

A lógica estrutura-se ao redor do SEO (*Search Engine Optimization*), que seria, em português, a otimização dos mecanismos de busca, ou seja, o conteúdo é adaptado e desenvolvido levando em consideração os mecanismos de busca, principalmente do Google. Nesse processo de planejamento dos conteúdos, as palavras-chave, a relevância do conteúdo e sua originalidade, os links entre sites, os bons títulos e escrita adequada são as peças para o sucesso da comunicação entre cliente (interno ou externo) e a empresa.

12.3. ATIVIDADE DE AUTOAVALIAÇÃO

1. Qual o seu perfil de consumidor na internet? Você faz compras na internet? O que compra? Faz transações? Quais? Com que frequência? Acredita que as informações apresentadas correspondem a um perfil que lhe é comum?

2. Faça uma análise de conteúdo em diversos sites e veja se eles o ajudam (ou ajudaram) na tomada de decisão no momento da compra.

CAPÍTULO 13
GESTÃO DE MARKETING

> **OBJETIVOS DO CAPÍTULO:**
> ❏ Recuperar os conceitos apresentados nos capítulos anteriores para apresentar ao aluno o que é e como realizar a gestão de marketing.
>
> **COMPETÊNCIAS:**
> ❏ Planejar, executar e avaliar estratégias de marketing.
>
> **HABILIDADES:**
> ❏ Pensar estratégias de marketing que contribuam com a gestão de marketing.

13.1. INTRODUÇÃO

Nos capítulos anteriores apresentamos os principais conceitos de marketing para que pudéssemos retomá-los neste capítulo, como o próprio nome da disciplina indica: gestão de marketing. O que é gestão de marketing? Para que serve? Como usar?

A gestão de marketing é um assunto muito abordado nesta primeira década do século XXI, mas nem todos sabem o que significa. As empresas, em geral, fazem a gestão de marketing sem saber que o que fazem é a administração do marketing e a gerência de seus processos; ou seja, grosso modo, já cuidam disso.

As empresas de pequeno porte costumam enfrentar dificuldades em cuidar da gestão do marketing devido ao alto custo do profissional que atua nessa área. Por esse motivo, os proprietários dessas empresas começam a se especializar para ter conhecimentos em marketing.

❏ E para você, o que significa gestão de marketing?

❏ Você acha que a pessoa precisa de capacitação para ser um gestor de marketing?

❑ Quais as características que deve ter um gestor de marketing?

❑ É possível aprender a fazer gestão de marketing?

(Anote suas respostas, pois você as utilizará no decorrer do capítulo.)

13.2. CONCEITOS

Segundo o *Dicionário Houaiss* (eletrônico), gestão é o ato ou efeito de gerir; é administração, é gerência — neste caso, de marketing.

Para Lima et al. (2006), a gestão de marketing deve identificar ou até mesmo desenvolver as melhores ofertas para o mercado-alvo que busca atingir (ou para os seus diferentes mercados-alvo) e priorizar a inteligência dos negócios. É incumbência do gestor de marketing identificar as oportunidades, bem como as ameaças (ambiente externo) que precisará encarar e vencer caso queira alcançar os objetivos propostos.

Portanto, o maior desafio para o profissional de marketing é **entender esses cenários** que se apresentam, levando em consideração que o ambiente empresarial passará por constantes mudanças, já que as variáveis macroambientais são, muitas vezes, imprevisíveis. Essa vulnerabilidade a que está exposta a empresa também traz possibilidades de aprendizado para o gestor de marketing, que lidará com avanços tecnológicos, processos de mundialização impondo características de uma economia global e mudanças constantes no comportamento do consumidor.

Como já vimos em capítulos anteriores, até pouco tempo atrás, as estratégias de marketing direcionadas à massa possibilitavam o aumento das vendas e de participação da marca no mercado. Mas, atualmente, o primordial é o relacionamento. Essa mudança mercadológica permite uma estratégia de lucros em longo prazo com alcance direcionado a um público-alvo específico, então o mercado torna-se um pouco mais previsível (LIMA et al., 2006).

Diante dessa mudança de paradigma, o colaborador e as empresas precisam saber quais são suas competências, bem como desenvolvê-las e aprimorá-las constantemente.

O conhecimento dos fundamentos do marketing é essencial para que a gestão seja eficiente, mas também é preciso que o gestor saiba que a liderança e a técnica são fundamentais nesse cenário competitivo. Isso porque o profissional de marketing deve ser um líder lúcido (com os pés no chão). Assim, poderá compreender as tendências, captá-las e antecipar-se, mas isso só é possível se estiver rodeado por profissionais, colaboradores, clientes e parceiros que entendam a importância de se agregar valor ao produto e ao serviço. Também é preciso que todos conheçam as técnicas para a construção de valor (sem enganação).

No século XXI, somente persuadir não resolve o problema da fidelidade. O cliente já identifica empresas que veiculam propaganda com a finalidade de persuadir, mas sem interesse no relacionamento (fidelidade) com o consumidor final. O cliente identifica e percebe quando essa relação mercadológica é superficial, com interesse apenas nas vendas e sem foco de compreensão das necessidades e desejos dele.

Nos capítulos anteriores nossa intenção foi passar os conceitos iniciais para que você possa desenvolver e pensar estratégias que envolvam o cliente e que possibilitem fidelizá-lo. A partir deste capítulo você estará apto a entender o mercado consumidor, a desenvolver propostas que agreguem valor e a desenvolver estratégias e fazer a gestão do composto de marketing, tanto de bens tangíveis (produtos) quanto de bens intangíveis (serviços), tendo como meta agradar ao cliente com menores custos.

GESTÃO DE MARKETING: ESTRATÉGIA COMPETITIVA QUE DIFERENCIA

Para os autores Branstad e Lucier (2001 apud LIMA et al., 2006, p. 17), a gestão de marketing deve ter como objetivos: a) criar ou identificar valor; b) desenvolver e entregar valor; c) alinhar as pessoas aos valores criados.

Para atingir esses objetivos, a empresa precisa pensar nas estratégias de diferenciação. Diferenciar-se de todos: essa é a meta de qualquer empresa que queira vencer e atingir seus objetivos.

Estratégias de Diferenciação para Produtos ou Serviços

Pense que o produto/serviço da sua empresa precisa de diferenciais e de valor agregado para sobreviver no século XXI. Muitas vezes não adianta fazer uso da placa "sob nova direção". Não coloque a placa sob nova direção para conquistar clientes, porque, na verdade, você irá espantá-los. Se você acabou de comprar a empresa, *mude* o que for necessário, e os clientes saberão que há um novo administrador naquele local.

Estratégias de Diferenciação para Preços

Como já mencionado no capítulo dedicado a este assunto, os preços (Capítulo 4) são poderosos aliados empresariais quando gerenciados por profissionais capazes de agregar valor ao produto com estratégias de precificação.

Estratégias de Diferenciação para Praça e Distribuição

É preciso que você tenha em mente que praça e distribuição andam de mãos dadas, bem como evidências físicas e processos. A aparência física da empresa pode ser um diferencial estratégico. Muitas empresas atualmente funcionam na categoria *home office* sem prejudicar sua imagem. Mas não se esqueça: CADA CASO É UM CASO. Dependendo do serviço que ofereça e da área em que a empresa atua, a instalação física pode ser primordial ou o aluguel de salas de reuniões torna-se inviável por seu alto custo.

Estratégias de Diferenciação para Promoção

A promoção continua sendo uma importante ferramenta competitiva. Mas lembre-se: divulgar seu produto em um meio de comunicação de massa não significa que haverá retorno imediato do investimento realizado. Por isso, a promoção e a comunicação devem ser planejadas, repensadas e avaliadas constantemente.

Estratégias de Diferenciação para Pessoas

Na área de serviços e produtos, as pessoas são fundamentais. Não se esqueça: a empresa é um ambiente composto por pessoas que sentem, se decepcionam, se comprometem, vestem a camisa da empresa e esperam ser reconhecidas por isso. O gestor de marketing deve saber lidar com pessoas. Ouça os colaboradores. Na maioria das vezes, eles são o canal de retorno imediato sobre percepções referentes de produtos ou serviços da empresa. Os colaboradores devem ser os primeiros consumidores. Invista em endomarketing, em relacionamento com o cliente, em marketing de incentivos, marketing verde, marketing direto, marketing holístico, marketing social e marketing pessoal. Você e sua empresa só terão a ganhar com isso.

Privilegie O DIÁLOGO. DESTINE tempo para escutar seus consumidores, para observá-los e ver como reagem diante da compra. Escute-os, vá até o setor de atendimento ao cliente da empresa e escute reclamações, sugestões, pareceres etc. Tudo isso envolve pessoas.

Estratégias para o Ciclo de Vida dos Produtos/Serviços

Lembre-se de que cada ciclo de vida do produto demandará uma estratégia diferenciada. Muitas empresas não se preocupam em analisar o ciclo de vida de sua marca, de seus produtos/serviços, de suas filiais, de seus intermediários ou consumidores finais (reais e potenciais). Pense que a lucidez solicitada ao profissional de marketing é para que possa se dar conta desses detalhes e assumir uma postura diferenciada diante de um produto ou serviço na fase de declínio.

Estratégias para os Ambientes de Marketing

O profissional de marketing sempre deve estar atento à analise do ambiente interno e externo. Essa análise pode proporcionar diferenciais competitivos à empresa. Um gestor de marketing deve sempre transformar pontos fracos em pontos fortes e ameaças em oportunidades. O profissional de marketing é o responsável por reverter esses processos.

Estratégias e a Segmentação de Mercado

O segmento (ou os segmentos de mercado) que se quer alcançar, conquistar e fidelizar é uma importante missão destinada ao gestor de marketing. A identificação correta desse(s) segmento(s) diferencia o produto ou serviço. Há empresas de micro, pequeno, médio e grande porte que já identificaram seus segmentos de mercado, conhecendo o público-alvo e seus concorrentes. Que fique bem claro que é impossível, dependendo do mercado em que se atua, atingir distintos públicos com uma única estratégia de segmentação.

Estratégias e o Posicionamento do Produto ou Serviço

Ocupar um espaço na mente do consumidor, saber que a marca de sua empresa, serviços ou produtos é lembrada pelos consumidores, é uma conquista. Uma marca bem posicionada no mercado consegue dar à empresa a credibilidade de que ela precisa. Mas também há casos de empresas que precisaram reposicionar o produto e o serviço no mercado porque o consumidor, em algum momento, por alguma ação de promoção ou comunicação, assimilou uma informação diferente daquela que a empresa queria passar. Cuidado. O reposicionamento demanda altos investimentos e, dependendo da situação, pode levar um produto ou serviço a uma demanda negativa.

Estratégias para a Gestão da Marca

Todos os temas abordados anteriormente denotam importância; com a marca não seria diferente. A marca atualmente é vista como um patrimônio da empresa. Imagine uma marca famosa e pense: se tivesse investido nessa empresa (mas somente os produtos ou serviços que ela vende, e não a marca), você teria feito um bom negócio? A resposta é não. Dependendo da empresa, de nada adianta negociar seus produtos sem poder fazer uso da marca. A **marca é que vende o produto/serviço**.

A gestão de marketing envolve dedicação, envolvimento, participação, visão de mercado, conhecimento dos fundamentos e principais conceitos de marketing, bem como liderança e técnicas.

13.3. ATIVIDADE DE AUTOAVALIAÇÃO

Faça uma busca na internet e procure produtos ou serviços que recentemente tiveram quedas nas vendas, problemas ou imprevistos em um ou mais itens (entre os mencionados anteriormente).

(Anote suas respostas e compare-as com as do item *Introdução*.)

Capítulo 14

INTERFACE DO MARKETING COM AS DEMAIS ÁREAS DA EMPRESA

> **Objetivos do Capítulo:**
> ❏ Mostrar a importância da relação do departamento de marketing com as demais áreas da empresa.
>
> **Competências:**
> ❏ Fazer com que o aluno perceba que na empresa não deve haver um departamento que seja o privilegiado. Todos os departamentos devem ser tratados com o mesmo grau de importância.
>
> **Habilidades:**
> ❏ Que possa ser um gestor de marketing que não priorize somente as decisões de seu departamento, mas que saiba dialogar com as demais áreas da empresa. Que apoie a presença de equipes multidisciplinares no momento de se pensar as estratégias empresariais.

14.1. INTRODUÇÃO

No capítulo anterior você teve a oportunidade de estudar os conceitos de marketing digital e compreender a importância dele para propagar o serviço ou produto da sua empresa.

Neste capítulo você verá a importância que deve ser dada à interface de comunicação entre o departamento de marketing e as demais áreas da empresa.

Atualmente ainda é possível encontrar empresas que priorizam um departamento específico, fazendo com que os colaboradores dos demais setores sintam-se desconformes com tal privilégio. O trabalho em equipe é o maior desafio das empresas neste século.

Há livros e artigos que relatam tal necessidade. Mas a verdade é que o trabalho em equipe depende de um fator fundamental: humildade. A humildade é necessária para entender que o ponto forte do outro complementa meus pontos fracos, e vice-versa. Ela também é útil para reconhecer que você precisará de ajuda e que pedir por isso não é sinal de fraqueza, inferioridade ou falta de comprometimento com a empresa.

Antes de iniciar a leitura do item Conceitos, reflita como deveria acontecer a integração entre os diversos setores de uma empresa. Anote suas reflexões para comparar com as considerações traçadas no decorrer deste capítulo.

(Anote suas respostas, pois serão recuperadas no decorrer deste capítulo.)

14.2. CONCEITOS

Marketing e Finanças

O setor de marketing prioriza o atendimento e satisfação do cliente sem avaliar, muitas vezes, os **investimentos** destinados a este fim. Já o setor de finanças deve estudar a viabilidade desses **custos**. Ou seja, analisando a variável "satisfação" chegamos à conclusão de que, para o setor de marketing, ela é considerada um *investimento*, e para a área de finanças, um *custo*. Não é raro observar a rivalidade existente entre as áreas de marketing e finanças. Como a satisfação é uma variável de grande importância, o orçamento destinado a essa finalidade deve ser objeto de reflexão e estudo por parte de ambos os departamentos, para que o objetivo estratégico da empresa seja alcançado — e não o objetivo de um setor em particular.

O QUE PARA O SETOR DE MARKETING É INVESTIMENTO, PARA O SETOR DE FINANÇAS É CUSTO OU GASTO.

Marketing e Logística

Muitas vezes é o pessoal da logística que acaba equilibrando a tensão entre os setores de marketing e finanças, porque pensa estratégias para a cadeia de suprimentos que satisfazem a ambos os setores.

Mas nem sempre há harmonia entre os setores de logística e marketing. Como já dito anteriormente, muitas vezes o setor de marketing, para satisfazer seu cliente, toma decisões sem consultar a área de logística, e vice-versa. Por esse motivo, no dia a dia, as áreas de marketing e logística precisam planejar suas ações em conjunto, pois todas as etapas da cadeia de suprimentos são importantíssimas para que haja a satisfação do consumidor final.

> O SETOR DE LOGÍSTICA É AQUELE QUE EQUILIBRA AS TENSÕES ENTRE O SETOR DE MARKETING E FINANÇAS. LOGÍSTICA É O SETOR QUE PLANEJA A CADEIA DE SUPRIMENTOS — DESDE A COMPRA E ESCOLHA DOS FORNECEDORES ATÉ A PÓS-VENDA —, E ISSO FAZ COM QUE A META PARA MARKETING E LOGÍSTICA SEJA A SATISFAÇÃO DO CLIENTE.

MARKETING E P&D/ENGENHARIA/QUALIDADE

O setor de marketing precisa desenvolver um diálogo constante com o setor de P&D/Engenharia/Qualidade. Esses departamentos pensam o novo produto ou serviço e o diferenciam dos demais. São os serviços agregados que permitirão a esse novo serviço ou produto ter valor agregado. Não há como o setor de marketing estar isolado do setor de P&D/Engenharia/Qualidade. Não é raro encontrar o gestor de marketing interferindo nesses setores ao duvidar dos testes realizados, dos materiais utilizados etc. Essa interferência pode ser negativa ou positiva, e isso dependerá da situação enfrentada, por exemplo, do conhecimento do gestor de marketing sobre materiais, procedimentos, processos etc. Portanto, o melhor caminho para o conhecimento dos processos envolvidos é o diálogo e a troca de experiência.

MARKETING E ADMINISTRAÇÃO

A área administrativa precisa ter conhecimento de todos os processos empresariais, não detalhadamente, mas precisa conhecer como os setores se organizam e trabalham para que as metas e objetivos estratégicos da empresa sejam alcançados.

Neste sentido, os setores de marketing e administrativo se complementam, porque as funções de ambas as áreas envolvem processos administrativos, gestão e a multidisciplinaridade da área da administração como importante aliado no momento de se planejar ações de marketing.

Marketing e Marketing

É até gracioso pensar que o setor de marketing precisa interagir com o próprio setor. Mas em empresas de grande porte, esse setor costuma ser descentralizado, com profissionais em diversas filiais, e, neste caso, a comunicação é primordial.

No caso das empresas multinacionais, além da distância, quando o setor é descentralizado, ainda há a barreira do idioma e da mudança sociocultural.

As metas de marketing e os planos estratégico, tático e operacional do setor devem ser discutidos, apresentados, avaliados e planejados em conjunto — usando-se dos conhecimentos das demais filiais, dos outros países. Essa troca de experiência enriquece o processo de construção de estratégias de marketing.

Marketing e Operacional

A terceirização é comum hoje em dia. Entre muitos dos departamentos operacionais que são terceirizados, o SAC (Serviço de Atendimento do Cliente) é um deles. Com isso, a empresa pode transladar de uma atividade de meio e preocupar-se/encarregar-se da atividade fim. Mas essa terceirização da mão de obra não deveria criar a percepção de que o SAC não pertence à empresa. Muito pelo contrário, o SAC deveria ser visto pelo setor de marketing como uma das principais fontes de dados primários para avaliar a satisfação do cliente.

A terceirização é uma forma de priorizar a atividade fim da empresa. Mas o gestor de marketing deve estar atento ao feedback do operacional, porque muitas vezes esse setor está em contato com o consumidor final.

É raro um gerente de marketing ir ao SAC para ouvir as reclamações dos clientes, o que também causa descontentamento entre aqueles que trabalham no setor e que não se sentem parte da empresa. Às vezes, estes nem conhecem a empresa para a qual prestam serviços. Dificilmente alguém pede feedback a esse setor.

É função do gestor de marketing ir ao departamento de atendimento ao cliente e ouvir o que os operadores têm a dizer, afinal, são os operadores que estão em contato permanente com o cliente, aquele que a empresa quer tanto reter.

No chão de fábrica não é diferente. Esse é outro setor de fundamental importância e que precisa estar em contato com o setor de marketing diariamente. É de lá que sai o produto final.

Entre os profissionais que trabalham no operacional, ainda poderíamos citar os de cobrança, de distribuição, técnicos, manutenção, de limpeza, entre outros.

Marketing e Vendas/Comercial

Entre essas duas áreas, não raras vezes as tensões são intensas. Em algumas empresas (principalmente naquelas com orientação para as vendas), o que interessa ainda é atingir metas e passar pedidos sem um levantamento prévio da capacidade da produção ou a possibilidade de atendimento do cliente final, o que gera atraso, reclamações, cancelamento de pedidos etc. Em outras palavras, a insatisfação do cliente.

Nessas empresas, o departamento de marketing/comunicação existe para apagar incêndios, ou seja, é um tipo de empresa que só quer uma área de marketing para pensar propaganda e de relações públicas para limpar a imagem da empresa. Neste caso, nenhuma das duas áreas (marketing e comunicação) consegue desenvolver suas funções plenamente.

É IMPORTANTE NÃO CONFUNDIR MARKETING COM VENDAS, MAS A EMPRESA COM ORIENTAÇÃO A VENDAS MUITAS VEZES VÊ O SETOR DE MARKETING COMO RESPONSÁVEL POR TÉCNICAS AGRESSIVAS DE PROPAGANDA E COMUNICAÇÃO QUE PERMITAM ALTO VOLUME DE VENDAS, SEM SE PREOCUPAR COM A FIDELIZAÇÃO DO CLIENTE.

Marketing e Informática

É comum encontrar profissionais de marketing interagindo com profissionais da área de informática e desenvolvimento de sistemas, programação, design para especialização do setor, troca de conhecimentos e experiências.

Essa é uma atividade que deve permear a dinâmica desses setores. É preciso estar ciente de que a visão pela qual o departamento de informática é responsável (suporte de hardware, software, redes e telecomunicação) é uma realidade da década de 1990. Nos dias atuais, as duas áreas precisam interagir, porque podem pensar soluções, aplicativos etc. nesse diálogo multidisciplinar.

Marketing e RH/Gestão de Pessoas

O setor de recursos humanos ou gestão de pessoas é fundamental para entender a cultura organizacional. Nesta dinâmica contemporânea, cabe ao setor de marketing pensar no endomarketing. O setor de RH/Gestão de Pessoas é peça importante na construção de tais ferramentas.

Os setores também podem pensar, em conjunto, em ações de marketing de incentivo, marketing social, marketing holístico, entre outras.

14.3. ATIVIDADE DE AUTOAVALIAÇÃO

1. Pesquise na internet falhas empresariais decorrentes da falta de comunicação entre áreas.

2. Pesquise na internet êxitos empresariais decorrentes da comunicação entre áreas.

3. Faça um link entre a pesquisa realizada e as respostas da atividade proposta no item **Introdução**.

Capítulo 15
MARKETING ÉTICO

> **Objetivos do Capítulo:**
> ❑ Apresentar as principais reflexões sobre marketing ético no Brasil.
>
> **Competências:**
> ❑ Identificar que o marketing no Brasil é um tema recente pelo fato de muitas empresas ainda não serem orientadas para o marketing e usarem de ações de persuasão para vender mais que a concorrência.
>
> **Habilidades:**
> ❑ Aplicar as reflexões acerca do marketing ético no ambiente empresarial de negócios ou serviços em que atua e refletir sobre a possibilidade de reverter o atual quadro atentando-se para o fato de que muitos compradores praticam o consumo consciente.

15.1. INTRODUÇÃO

Neste último capítulo refletiremos sobre a ética no marketing e a responsabilidade **nas** organizações (e, por que não, **das** organizações). Este tema será discutido em profundidade no item Fundamentos.

É possível existir ética no marketing? A resposta a essa pergunta também será apresentada no item Fundamentos.

Neste século XXI, os dois temas, tanto a ética e a responsabilidade social das empresas como o marketing ético, têm sido muito discutidos em eventos acadêmicos e empresariais.

Pela falta de uma sensibilidade moral aguçada, muitos profissionais de marketing (até mesmo pela falta de clareza e diretrizes) não sabem se o correto é defender e atuar de maneira que as vendas imediatas sejam ações tidas como as melhores, mesmo infringindo questões éticas, ou se praticam estratégias que os levem a fazer uma venda correta, mas a um prazo não imediato, causando sensação de ineficiência.

Tanto o profissional de marketing quanto o empreendedor corporativo, social e de negócios precisam estar a par de tais discussões. Praticá-las no ambiente de trabalho é fundamental para que não fiquem apenas na teoria, mas para que façam parte da realidade empresarial em que ele está inserido, buscando melhorias e assumindo tais desafios.

15.2. CONCEITOS

Ética nas Organizações

Antes de aprofundar o tema da ética, é importante perguntar-se pelo significado da palavra "organizações". Para o autor Srour (2005, p. 140), as organizações "podem ser definidas como coletividades especializadas na produção de um determinado bem ou serviço". Nesses espaços combinam-se agentes sociais e recursos com a intenção de economizar esforços e tornar seu uso eficiente. Então, quando falamos de organização, por mais que haja confusão linguística usando também a palavra "instituição", nos referimos a essa coletividade planejada com o intuito de alcançar determinado objetivo. E tais objetivos estariam permeados pela ética empresarial.

Então, o que vem a ser ética? Para o autor Masiero (2008), ética é um dos ramos da filosofia cuja finalidade é o estudo do comportamento moral do ser humano, classificando esses comportamentos como bons ou ruins, corretos ou errados. Já para o autor Srour (2005), a ética é uma disciplina teórica, assim como a biologia, sociologia etc., e a maior confusão é que, geralmente, confunde-se a ética com o seu objeto de estudo, que são a moralidade e os fenômenos morais. O que é aceito ou não em determinada sociedade são acordos socialmente convencionados e partilhados.

Moral é o conjunto de regras de conduta que são considerados válidos, aceitáveis, de maneira absoluta em determinado tempo e lugar, para um grupo ou pessoa.

De acordo com o autor Masiero (2008), provavelmente os conceitos éticos e as convenções para determinar condutas válidas existam desde quando o ser humano começou a viver em sociedade, aprendeu a identificar comportamentos e a distinguir o que era bom ou não para o bem-estar e a segurança da coletividade.

Por este motivo, quando, no ambiente organizacional, surgem expressões como "ética da empresa" ou "comportamentos aceitos", estamos falando da ética e moral.

Neste caso específico, estamos tratando da ética e da moral nos ambientes empresariais, ou seja, se determinada atitude encontra ou não respaldo no sistema de normas morais que é utilizado para direcionar o comportamento dos indivíduos que ali trabalham. Em outras palavras: "a moral adotada pelo agente, ou o código de conduta que norteia os modos de agir e de pensar praticados em sua empresa, não justifica aquela decisão, quando não a condena" (SROUR, 2005, p. 306).

É importante lembrar que as condutas não aceitáveis estão sujeitas a serem avaliadas como crime. Crime é um ato que viola uma norma moral.

A única forma de enfrentar situações antiéticas é tentando criar um clima organizacional transparente e harmônico, em que o funcionário se sinta à vontade para conversar sobre essas situações pontuais e, em última instância, procurar apoio de instituições e denunciar tais condutas às autoridades aptas a cuidar deles, quando os crimes forem passíveis de punição e retenção.

A Ética no Marketing

Por estar constantemente em contato com o mercado e o consumidor, o marketing é uma das atividades empresariais que mais suscita a reflexão entre ética e moral. Os códigos de ética têm como objetivo fornecer diretrizes para aqueles que atuam na área. Exemplos de códigos de ética são os da Associação Americana de Marketing (AMA), do Conselho Nacional de Autorregulamentação Publicitária (CONAR) e o Código de Ética do Marketing Promocional da Associação de Marketing Promocional (AMPRO).

Os códigos de ética expressam comportamentos tidos como adequados aos profissionais de marketing, buscando conscientizar os profissionais da área sobre sua função social, e são padrões éticos que se constroem numa base de caráter educativo e também regulatório.

Autores como Kotler e Armstrong (2007) refletem sobre a busca dos autores da área de marketing para apresentar uma teoria que leve a empresa a alcançar metas e resultados sem a necessidade de persuasão.

Por outro lado, na academia há duas linhas filosóficas que discutem a temática. A primeira linha contempla pesquisadores liberais que defendem a tese de que as questões levantadas (ética) são resolvidas pelo livre mercado e pelo sistema legal do país, e, desta forma, as empresas e os profissionais que nela trabalham não são responsáveis pelos julgamentos morais. Em sã consciência, eles podem fazer tudo o que o sistema permite.

A segunda linha filosófica tira a responsabilidade das mãos coletivas do sistema e a passa às mãos da empresa e de seus gestores. Segundo os pesquisadores dessa área, a empresa precisa desenvolver uma consciência moral e deve aplicar padrões éticos na tomada de decisão, independentemente do que o sistema permite.

Kotler e Armstrong (2007) afirmam que a única forma de resolver esse dilema é conscientizando a empresa no desenvolvimento de políticas corporativas de ética de marketing, diretrizes gerais que todos os administradores da empresa devem seguir. A verdade é que os gestores precisam de um conjunto de princípios que os guie em sua ação diária.

Os autores enfatizam, ainda, a necessidade de que cada empresa e cada profissional de marketing desenvolva uma filosofia de comportamento ético e socialmente responsável. "[...] todo gestor deve ir além do exame do que é legal e permitido e desenvolver padrões baseados em sua integridade pessoal, na consciência corporativa e no bem-estar do consumidor no longo prazo" (KOTLER; ARMSTRONG, 2007, p. 533).

Para Kotler e Armstrong (2007), as empresas internacionais que atuam em países em que os padrões éticos são baixos precisam reforçar ainda mais seus princípios, para que estes sejam comuns a todos.

O cumprimento dos códigos de ética demanda um comprometimento corporativo. Muitas empresas têm códigos, e isso não garante o comportamento ético por parte de seus funcionários.

Normanha Filho (2004) chama a atenção para três fatos importantes ao analisar a questão da ética no marketing no Brasil:

- **Orientações das empresas:** muitas empresas ainda não são orientadas para o marketing, a maioria ainda é orientada para vendas, e por isso, ao colocar em prática suas táticas, acabam infringindo a questão ética e aprovando propagandas cujo foco é a venda e a sobrevivência;

❑ **Ética na teoria, mas não ética na prática:** a teoria é muito pautada em ações coesas, mas na prática o que prevalece não é a estratégia e a criatividade, e, sim, o vender mais a todo custo. Portanto, temos uma ética da teoria e precisamos de uma ética na prática, o que é difícil de ser alcançado quando se utiliza de estudos das mais diversas áreas do conhecimento com o intuito de vender.

❑ **Mercado em expansão:** o marketing no Brasil é uma realidade nova, poucos profissionais de marketing se preocupam com a questão ética. Mas isso mudará, porque o consumidor começa a passar a pauta do consumo consciente, e quem não praticar a ética não venderá.

O Consumidor Ético e o Consumo Consciente

De acordo com D'Angelo (2003), há mais de 30 anos vem ganhando força a tese de que os consumidores e a sociedade passariam a influenciar as relações éticas do consumo.

A tese se reforça com o avanço da tecnologia e o maior acesso a informações e de conhecimento de seus direitos, que os consumidores usam para se pautar por comportamentos éticos empresariais no momento das compras, cobrando das empresas ações efetivas de responsabilidade social e ambiental.

No Brasil, pesquisa realizada por Urdan e Zuñiga (2001) mostrou que os brasileiros acham importante que a empresa desenvolva um comportamento ético, mas que isso não afetaria de imediato na escolha de produtos e serviços. A Akatu divulgou dados de uma pesquisa realizada em 2007 em que, novamente, os brasileiros aparecem, em sua maioria, apáticos à discussão. O fundamento é a escolaridade, e o consumo consciente precisa fazer parte da agenda política. Tanto é assim que o Ministério do Meio Ambiente traz dados sobre consumidor consciente (agente transformador) e o consumo consciente (compromisso com o impacto da compra).

A forma que muitos brasileiros têm encontrado de lutar pelos direitos de consumidor é contatando a Fundação PROCON (Proteção ao Consumidor) e inserindo reclamações no site Reclame Aqui. Mas é uma ação inicial de revolta com o mal atendimento, problemas no produto, entrega, pagamento etc., que se distancia em se preocupar com questões éticas e de responsabilidade social antes do ato da compra.

É um processo que demanda participação, maturidade, engajamento, conscientização e consciência ecológica. Numa democracia tão recente e frágil como a nossa, de características delegativas, este assunto segue o processo natural de maturidade democrática de seu povo.

15.3. ATIVIDADE DE AUTOAVALIAÇÃO

1. Buscar na internet e em outros materiais, maiores informações sobre como as ações de marketing que ferem a ética podem prejudicar uma organização.

2. Para você, é possível praticar ética em marketing no Brasil? Como?

LEITURAS COMPLEMENTARES

Capítulo 1

- Sobre o marketing no século XXI, ler: artigo de Philip Kotler na *Revista ESPM*, edição n. 3, maio/jun. 2015. Link: http://revistadaespm.espm.br/?p=3093

- Sobre os novos desafios do marketing, ler: artigo "Criatividade e inovação: os novos desafios do marketing", de António Pimenta da Gama. Link: https://infoeuropa.eurocid.pt/files/database/000043001-000044000/000043140.pdf

Capítulo 2

- A revista nº 18 da Fundação PROCON apresenta empresas com processos administrativos, um ranking destas e também muitas outras informações essenciais à educação do consumidor.

Quando paramos para pensar na evolução do processo de marketing e das orientações da empresa (conforme vimos neste capítulo, pode ser para o produto, produção, vendas, marketing e marketing societal), também precisamos parar e analisar o processo árduo pelo qual passou o próprio consumidor até chegar à era da orientação para o marketing.

Mas há muitas empresas que se dizem orientadas ao marketing e até mesmo ao marketing societal enquanto propagam essa informação em peças publicitárias que não passam de estratégias de marketing para atrair clientes. Esse é o caso dos muitos clientes que, no Brasil, procuram o PROCON (Fundação de Proteção e Defesa do Consumidor).

Enquanto muitas empresas ainda eram direcionadas para vendas, produtos e produção e o número de clientes insatisfeitos com o processo de trocas era tão intenso quanto nos dias atuais (pensando na proporção e crescimento demográficos em determinadas áreas), foram traçadas diretrizes do governo para a defesa do consumidor.

Em 1983, quando José Geraldo Brito Filomeno era promotor distrital no bairro do Ipiranga, SP, foi designado pelo procurador-geral da Justiça a participar de uma reunião do Conselho Estadual de Defesa do Consumidor e foi o primeiro promotor de Justiça do Consumidor do país.

A função do PROCON nos estados é essencial para que esses dados e estatísticas, além de conhecimentos, também tragam à tona as empresas que infringem a lei e são desleais para com os consumidores, para que repensem suas próprias estratégias: de que adianta atrair o cliente e vender se não posso retê-lo?

O PROCON anualmente edita uma revista com empresas que tiveram processos administrativos.

Se quiser conferir, acesse o site e conheça um pouco mais sobre a criação do PROCON, em que tipo de orientação as empresas se encontram, entre outros.

Link: http://www.procon.sp.gov.br/pdf/revista_procon_18.pdf

- http://www.portaldomarketing.com.br/Artigos/Marketing_ou_vendas.htm. Neste artigo, o autor comenta sobre marketing e vendas e recupera grande parte dos conceitos que apresentamos neste capítulo.

- Além da proposta de "Marketing 3.0", Philip Kotler publicou recentemente outro livro bastante interessante e que complementa o conteúdo apresentado neste livro: a necessidade de se confrontar o capitalismo. Segundo reportagem sobre o livro *Confronting Capitalism*, ainda sem tradução para o português, a proposta deste livro é tentar salvar o capitalismo. Ele pode ser lido nos links:

    https://www.mundodomarketing.com.br/entrevistas/34307/kotler-novo-modelo-de-capitalismo.html

    https://www.mundodomarketing.com.br/ultimas-noticias/34290/kotler-publica-novo-livro-com-formas-de-consertar-o-capitalismo.html

Capítulo 3

❑ O artigo a seguir menciona a importância do marketing de relacionamento como suporte para a análise de microambiente. Analisa-se a relação do cliente com seus fornecedores. Muito interessante! Link: http://www.scielo.br/scielo.php?script=sci_arttext&pid=S1415-65552008000500005&lang=pt

❑ O trabalho de conclusão de curso de aluna Daniela Priscila Zeferino, da Universidade Federal de Santa Catarina, traz uma cuidadosa análise de macro e micro ambientes de marketing aplicada a um caso real. O trabalho na íntegra pode ser consultado no link: http://tcc.bu.ufsc.br/Adm292337

Capítulo 4

❑ O trabalho de conclusão de curso de Anderson Berwing, da Unijuí, analisa o Composto de Marketing que uma empresa local com ênfase no Produto. Vale a pena a leitura!

Link: http://bibliodigital.unijui.edu.br:8080/xmlui/bitstream/handle/123456789/1420/tcc%20comtul.pdf?sequence=1

❑ http://www.scielo.br/scielo.php?script=sci_arttext&pid=S1676-56482004000200012&lang=pt — No artigo "Percepção sobre preço e valor: um teste experimental", os autores Daniela Abrantes Serpa e Marcos Gonçalves Avila apresentam estudo sobre o que eles denominam preço de referência em decisões de compra. Uma leitura necessária.

❑ Vídeos do SEBRAEnaTV sobre o processo de precificação:

http://www.youtube.com/watch?v=LxoLWm6C7ME

http://www.youtube.com/watch?v=acOF7YS7UMA&NR=1

https://www.youtube.com/watch?v=U3s0YsXmcdQ

❑ http://www.scielo.br/scielo.php?script=sci_arttext&pid=S1415-65552005000400009&lang=pt — No artigo "Lealdade à marca e sensibilidade ao preço: um estudo da escolha da marca pelo consumidor", os autores Delane

Botelho e André Torres Urdan apresentam uma análise baseada em dados de painel de domicílios para estimar a elasticidade por preço da escolha da marca com dois grupos de clientes: os fiéis e não fiéis — categoria de bem de consumo.

❏ http://www.scielo.br/scielo.php?script=sci_arttext&pid=S0034-89102006000300012&lang=pt — No artigo "Diferenças de preços entre medicamentos genéricos e de referência no Brasil", os autores Fabiola Sulpino Vieira e Paola Zucchi avaliam a magnitude da diferença de preço entre os medicamentos genéricos e os de referência. Também se avalia o efeito da concorrência quanto aos preços praticados.

❏ Leia o texto no link a seguir:

http://economia.uol.com.br/noticias/bloomberg/2014/10/24/falta-dagua-paralisa-unidades-da-rhodia-e-afeta-negocios-em-sp.htm

Este texto retrata uma questão macroambiental que afeta a indústria, o comércio e os serviços.

❏ O site http://www.sebrae.com.br/sites/PortalSebrae/artigos/equipamentos-e-instalacoes-influenciam-no-atendimento,9c2ea5d3902e2410VgnVCM100000b272010aRCRD aponta que instalações inadequadas interferem no atendimento.

❏ http://www.scribd.com/doc/10038815/10-Erros-Em-Um-Ponto-de-Venda — o artigo "10 erros em um ponto de venda" lista dez erros comuns nos pontos de venda que podem dificultar e até mesmo fazer o cliente desistir de uma compra.

❏ O artigo de Viana, Paixão e Dalmas (2003), que pode ser acessado por meio do link http://revistas.unipar.br/empresarial/article/view/1487/1308, traz uma análise das ferramentas do composto promocional e sua utilização como meios de comunicação. A leitura desse texto o ajudará a ampliar os conceitos vistos neste subitem.

Capítulo 5

- A revista *Exame.com* traz artigo que trata do tema como analisar os concorrentes. Link: http://exame.abril.com.br/pme/noticias/como-analisar-seus-concorrentes

- A revista *Pequenas Empresas, Grandes Negócios* traz artigo que trata da análise eficiente da concorrência. Link: http://revistapegn.globo.com/Revista/Common/0,,EMI219840-17161,00-COMO+POSSO+IDENTIFICAR+MEUS+CONCORRENTES+COM+EFICIENCIA.html

Capítulo 6

- http://www.scielo.br/pdf/rae/v46n4/v46n4a08.pdf — Este texto trata de tendências e faz uma retrospectiva da área de marketing de serviços.

  http://www.publicacoes.fatea.br/index.php/raf/article/viewFile/219/176 — Este texto trata da estratégia de relacionamento com o cliente e as estratégias de fidelização.

- Veja três charges que tratam do tema apresentado neste capítulo:

  http://charges.uol.com.br/2009/07/05/espinha-e-fimose-atendimento-especial/

  http://charges.uol.com.br/2007/11/09/cotidiano-de-asa-quebrada/

  http://charges.uol.com.br/2010/03/02/cotidiano-ligando-pra-operadora/

Capítulo 7

- http://docplayer.com.br/586520-Os-canais-de-marketing-da-eli-lilly-do-brasil-uma-analise-do-setor-farmaceutico.html#show_full_text — Interessante visão dos canais de marketing no setor farmacêutico.

- http://www.abepro.org.br/biblioteca/ENEGEP2003_TR0503_1573.pdf — O papel dos intermediários na cadeia de distribuição.

Capítulo 8

- O texto de Rodrigues e Jupi (2004) trata do comportamento do consumidor e os fatores que influenciam em sua decisão de compra, aprofundando aspectos apresentados neste capítulo. Link: http://www.louiselage.com.br/alunos/ADMINISTRACAO_EM_VENDAS/FICHAS%20DE%20LEITURA/comportamento%20do%20consumidor.pdf

Capítulo 9

- http://www.teses.usp.br/teses/disponiveis/27/27148/tde-20082004-142810/ — Veja nessa dissertação de mestrado um estudo exploratório com enfoque na segmentação de mercado — variável psicográfica.

- http://www.abepro.org.br/biblioteca/ENEGEP2000_E0029.PDF — Artigo que aborda a segmentação de mercado no ramo da construção civil e o "saber fazer". Leitura interessante com relatos da prática.

Capítulo 10

- Este texto dos autores Oliveira e Campomar mostra como o reposicionamento pode ser um elemento de competitividade. Acesse o texto no link: http://www.ead.fea.usp.br/semead/11semead/resultado/trabalhosPDF/378.pdf

- Já sobre o desafio de reposicionamento de marcas, te convido a ler este texto da ESPM (Escola Superior de Propaganda e Marketing). Link: http://acervo-digital.espm.br/revista_da_espm/2003/set-out/MARCAS70A82.PDF

Capítulo 11

- Leia o artigo "Sua marca vai sobreviver?", por Gabriela Otto para o site Administradores. Link: http://www.administradores.com.br/informe-se/artigos/sua-marca-vai-sobreviver/33215/.

- http://oglobo.globo.com/economia/mat/2009/02/20/sobrevivencia-de-marcas-europeias-da-gm-depende-de-ajuda-estatal-754514985.asp — Mostra que as macrovariáveis também influenciam a sobrevivência da marca.

Capítulo 12

- A empresa Tecnisa é um caso de web 2.0 que merece ser conhecido. Leia mais sobre o assunto no site: https://mactreinamentos.files.wordpress.com/2009/11/case-tecnisa_web_2009_site.pdf

- Sobre Mobile Marketing, vale a pena ler este artigo da Tecnologia QR Code utilizada em ação da Heineken: http://sites.unifra.br/Portals/36/Sociais/2012/04.pdf

Capítulo 13

- http://www.cad.ufsc.br/revista/09/Revista%2009%20-%206%20-%20RCAD%2003%202003%28site%29.pdf — Analisa-se o pioneirismo como estratégia na gestão de marketing.

- http://www.revistapmkt.com.br/Portals/9/Volumes/13/7_An%C3%A1lise%20da%20Gest%C3%A3o%20de%20Marcas%20Pr%C3%B3prias%20em%20Varejistas%20de%20M%C3%A9dio%20Porte.pdf — O texto analisa a gestão de marcas próprias no varejo.

Capítulo 14

- Leia o texto do link http://www.guialog.com.br/Y656.htm e reflita sobre as estratégias competitivas possíveis a partir da inter-relação marketing e logística.

- http://www.catho.com.br/cursos/marketing_logistica — Uma interessante análise sobre prioridades de áreas.

- http://www.administradores.com.br/informe-se/artigos/marketing-ou-vendas/20130/ — Este artigo retrata a interface entre marketing e vendas.

Capítulo 15

- A revista *Exame.com* traz no artigo "Dilemas da Ética", uma reflexão importante sobre o tema que ajuda a aprofundar as reflexões apresentadas neste capítulo. Link: http://exame.abril.com.br/revista-exame/edicoes/792/noticias/os-dilemas-da-etica-m0052144

- Também é importante ler o Código de Ética do Marketing Promocional da AMPRO, no link: http://ampro.com.br/codigo-etica

GLOSSÁRIO

Capítulo 1

Antagônicos: Opiniões opostas sobre um determinado assunto; também significa divergência.

Compostos de marketing: São variáveis que a empresa estuda para encontrar respostas desejadas em determinado mercado-alvo.

Neologismo: Uso de palavras novas, que podem ser derivadas ou formadas de outras existentes, da mesma língua ou de outro idioma, e até mesmo dando um novo sentido a palavras já existentes em uma determinada língua.

Nichos: Oportunidade de novos negócios, oportunidades a serem descobertas e aproveitadas.

Paradigma: Pode ser entendido como uma referência, uma diretriz, algo ideal, um modelo digno de ser seguido.

Posicionamento: Ato ou efeito de posicionar a imagem ou marca na mente do consumidor, a maneira como a empresa quer que o cliente se lembre do seu produto/serviço.

Público-alvo: O público que se deseja alcançar com as estratégias de marketing.

Segmentação: Dividir o mercado para estudá-lo, para melhor alcance da propaganda e da comunicação, para melhor satisfazer as necessidades e desejos do consumidor.

Capítulo 2

Ciclo de vida do produto: Descreve o processo de evolução de um produto ou serviço. Esse ciclo é dividido em fases para melhorar entendimento e estratégias.

Consumidores potenciais: Aqueles que no momento não compram o produto, mas que no futuro podem vir a adquiri-lo porque passariam a demandá-lo.

CRM: Customer Relashionship Management. O gerenciamento do relacionamento com o cliente é um processo que inclui técnicas, tecnologias e métodos para entender o cliente, como ele compra, do que ele precisa, e, assim, traçar uma tentativa de proximidade a este, conhecendo-o em profundidade. Esse é o grande desafio do CRM.

Demanda: Também denominada procura, é a quantidade de um bem ou serviço que o mercado pode adquirir.

Endomarketing: Marketing interno desenvolvido com os colaboradores da empresa.

Fidelizar: Tornar o consumidor fiel a sua marca, ou seja, reter o cliente.

Oferta: O que é disponibilizado ao mercado, o que é ofertado para compra.

Stakeholders: Públicos estratégicos e decisórios para as organizações, tais como: consumidores, colaboradores, concorrentes, acionistas, imprensa, poderes públicos, fornecedores, entre outros.

Capítulo 3

Cadeia de suprimentos: É uma rede de gerenciamento da produção desde que o material é comprado, incluindo seu recebimento, armazenamento, uso na linha de produção transformando-se em bem ou usado na prestação de serviços, até a saída do bem ou serviço da empresa, sua entrega ao cliente, e o monitoramento de pós-venda também já é incluído na cadeia de suprimentos.

Lobby: Atividade de pressão de um grupo organizado (de interesse, de propaganda, entre outros) sobre políticos e poderes públicos, que visa exercer sobre estes qualquer influência ao seu alcance, mas sem buscar o controle formal do governo; campanha, lobismo.

Matriz SWOT ou PFOA: É uma ferramenta da área de planejamento usada para análise de cenários atuais. Monta-se uma tabela dividida em quatro partes e nela se apresenta a análise dos fatores externos (oportunidades e ameaças) e dos fatores internos (forças — ou pontos fortes — e fraquezas — ou pontos fracos).

Plano de marketing: É um mapa, um guia; auxilia a construção de estratégias e identificação de novas oportunidades para a empresa. O plano de marketing é dividido em três partes: estratégica, tática e operacional.

Sazonalidade: A sazonalidade se caracteriza pela instabilidade entre a oferta e a demanda em determinadas épocas do ano, ou seja, há um excesso de demanda (ex.: venda de ovos de Páscoa, motivos natalinos) na época que se aproxima da data comemorativa ou da temporada (ex.: praias no verão, montanhas no inverno) e fazem com que a empresa pense estrategicamente sua participação nesses mercados.

Capítulo 4

Abatimento: Desconto ou redução de preço dado a alguém ou a empresas.

Banner: Uma das formas de comunicação, tanto no ponto de venda quanto na internet, na qual se expressa marca, logotipo ou breve mensagem publicitária.

Canais de distribuição: Designa o conjunto de meios utilizados para fazer com que o produto ou serviço chegue desde o produtor até ao consumidor final.

Ciclo: Espaço de tempo durante o qual ocorre e se completa, com regularidade, um fenômeno ou um fato, ou ainda uma sequência de fenômenos ou fatos.

Concessões: O ato ou efeito de conceder algo a alguém. Consentimento, permissão, transigência. Outorga, entrega. Ceder opinião ou o que lhe é de direito a alguém.

Display: Peça publicitária ou material de exibição e exposição de produtos, normalmente utilizados nos pontos de venda.

Indoor: Anúncio em forma de cartaz ou painel que é exposto em ambiente fechado.

Logística: Produto certo, no local certo, na hora certa, com preço justo. Começando com a compra da matéria-prima, a produção, até a entrega junto ao cliente e os serviços de pós-venda.

Markup: É o fator usado como multiplicador ou divisor para simplificação no cálculo do preço de venda. Índice aplicado sobre os custos de um bem ou serviço.

Matriz: Lugar em que algo é gerado ou criado.

Níveis: Graus de elevação alcançados ou buscados, altura.

Outdoor: Anúncio em forma de cartaz, com painéis múltiplos, que pode ser luminoso, geralmente de grandes dimensões (aproximadamente 3 metros de altura por 9 metros de comprimento), exposto à margem de vias urbanas ou em outros pontos ao ar livre em áreas destacadas para exposição de mensagens, por serem áreas com grande circulação de pessoas e excelente visualização de imagens.

Capítulo 5

Share of heart: Nível afetivo entre uma marca e o consumidor.

Share of mind: Mede como as pessoas pensam sobre determinadas marcas em uma categoria de produto.

Capítulo 6

Especificidades: O que é específico, a particularidade de algo.

Capítulo 7

Canais: Caminhos, vias, meios.

Capítulo 8

Data mining: Mineração de dados, atividade de organizar e ordenar dados, encontrando e buscando padrões, associações, mudanças e anomalias relevantes para traçar perfis e tendências.

Capítulo 9

Eficaz: É o ato de atingir um determinado objetivo nem sempre da maneira mais rápida.

Mercado-alvo: Aquela parcela que pode adquirir o seu produto/serviço.

Capítulo 10

Market share: Fatia de mercado ou participação que determinado produto ou marca possui no mercado do segmento.

Top of mind: Marcas mais lembradas pelos consumidores.

Capítulo 11

Brand equity: É o valor adicional que se atribui à marca.

Branding: É o trabalho de construção e de gerenciamento de uma marca junto ao mercado-alvo.

Nichos de mercado: Segmentos de mercado ou públicos com necessidades pouco exploradas ou inexploradas.

Capítulo 12

Business to business: Transações comerciais entre empresas.

Business to consumer: Transações comerciais entre empresas e consumidores.

Mobile marketing: Ações de marketing por meio de dispositivos móveis.

Capítulo 13

Demanda negativa: Quando a procura pelo produto ou serviço é inferior ao esperado.

Paradigma: Regra ou modelo seguido.

Capítulo 15

Crime: Vem do latim *crimen*, "ofensa, acusação", de *cernere*, "escolher, decidir, separar".

Ética: Vem do grego *ethos*, que significa "modo de ser" ou "caráter"".

Moral: Tem origem no termo latino *morales*, que significa "relativo aos costumes".

REFERÊNCIAS

AAKER, David. *Marcas*: brand equity, gerenciando o valor da marca. 2. ed. São Paulo: Negócio Editora, 1998.

AMA. *American Marketing Association*. Disponível em: `<https://www.ama.org/search/pages/results.aspx?k=MARKETING>`. Acesso em: 3 set. 2015.

COBRA, Marcos. *Administração de marketing*. 2. ed. São Paulo: Atlas, 1992.

_____. *Marketing básico*. São Paulo: Atlas, 1997.

_____. *Administração de Marketing no Brasil*. Rio de Janeiro: Elsevier, 2009.

D'ANGELO, André Cauduro. "A Ética no marketing". *RAC.*, v. 7, n. 4, p. 55-75, out./dez., 2003.

DIAS, Reinaldo; CASSAR, Maurício. *Fundamentos do Marketing Turístico*. São Paulo: Pearson Prentice Hall, 2005.

FERREIRA, Aurélio Buarque de Hollanda. *Dicionário Aurélio online*. Disponível em: `<http://www.dicionariodoaurelio.com/>`. Acesso em: 8 set. 2015.

GOMES, Neusa Dermatini Gomes. Publicidade ou Propaganda? É isso aí! Revista *FAMECOS*, Porto Alegre, n. 16, dez./2001-abr/2002.

HILLER, Marcos. Merchandising? Não, Product Placement! Vitrine Publicitária.net. Disponível em: `<http://vitrinepublicitaria.net/opiniao.asp?menucodigo=146>`. Acesso em: 24 jun. 2016.

KAHTALIAN, Marcos. "*Marketing* de serviços". *Revista Marketing*: Fae Business School. Coleção gestão empresarial, n. 2, Curitiba, Associação Franciscana de Ensino Senhor Bom Jesus, p. 19-29, 2002.

KARSAKLIAN, Eliane. *Comportamento do consumidor*. São Paulo: Atlas. 2000.

KLEIN, Naomi. *No logo*: o poder das marcas. Lisboa: Relógio d'Água, 2002.

KOTLER, Philip. *Marketing*. Edição compacta. São Paulo: Atlas, 1980.

_____. *Princípios de Marketing*. Rio de Janeiro: Prentice Hall, 1993.

_____. *Marketing para o século XXI*: como criar, conquistar e dominar mercados. 6. ed. São Paulo: Futura, 1999.

_____. *Administração de Marketing*. São Paulo: Prentice Hall, 2000.

_____; ARMSTRONG, Gary. *Introdução ao Marketing*. 4. ed. Rio de Janeiro: LTC, 2000.

_____; _____. *Princípios de Marketing*. São Paulo: Prentice Hall, 2003.

_____; KELLER, Kevin Lane. *Administração de Marketing*. São Paulo: Pearson Prentice Hall, 2006.

LAS CASAS, Alexandre Luzzi. *Marketing: Conceitos, Exercícios e Casos*. São Paulo: Atlas, 2001.

_____. *Marketing*: conceitos, exercícios, casos. 7. ed. São Paulo: Atlas, 2005.

_____. *Marketing: Conceitos, Exercícios, Casos*. São Paulo: Atlas, 2006.

_____. *Marketing: conceitos, exercícios, casos*. São Paulo: Atlas, 2009.

LEONI FILHO, Sérgio Augusto. "Estratégia de Preços". *Revista Marketing*: Fae Business School. Coleção gestão empresarial, n. 3, Curitiba, Associação Franciscana de Ensino Senhor Bom Jesus, p. 43-53, 2002.

LIMA, Miguel et al. *Gestão de Marketing*. Rio de Janeiro: FGV, 2007.

_____. KARTAJAYA, Hermawan; SETIAWAN, Iwan. *Marketing 3.0*: as forças que estão definindo o novo marketing centrado no ser humano. Rio de Janeiro: Elsevier, Campus, 2010.

MARTINS, José. *A natureza emocional da marca*: como escolher a imagem que fortalece sua marca. 5. ed. São Paulo: Negócio, 2000.

MASIERO, Paulo César. *Ética em computação*. São Paulo: EDUSP, 2008.

MOREIRA, Daniel Augusto. *Administração da produção e operações*. 2. ed. São Paulo: Pioneira, 1996.

MORENO, Marià; OPPENHEIMER, Mauricio. *Marketing para seres humanos*: una esperanza ética. 2. ed. Espanha: Diaz de Santos, 2007.

_____; ARMSTRONG, Gary. *Princípios de marketing*. São Paulo: Pearson Prentice Hall, 2007.

NORMANHA FILHO, Miguel Arantes. "Ética no marketing: ação isolada ou do negócio?". *Revista Brasileira de Gestão de Negócios*, FECAP, ano 6, n. 15, p. 7-14, ago. 2004.

PORTER, Michael E. *Estratégia Competitiva*: técnicas para análise de indústrias e da

concorrência. Rio de Janeiro: Campus, 1986.

RIES, Al; RIES, Laura. *A origem das marcas*: descubra as leis naturais da inovação e da sobrevivência de produtos e empresas. São Paulo: Makron Books, 2006.

ROCK CONTENT. Marketing de conteúdo. Disponível em: <https://rockcontent.com/marketing-de-conteudo/>. Acesso em: 14 jul. 2016

RUÃO, Teresa. *Uma investigação aplicada da identidade da marca*: o caso das porcelanas Vista Alegre. Portugal: Universidade do Minho, s.d. Disponível em: <www.bocc.ubi.pt>. Acesso em: 1º jun. 2010.

RUSCHMANN, Doris. *Marketing turístico*: um enfoque promocional. 10. ed. Campinas: Papirus, 1990.

SAMPAIO, Rafael. *Marcas de A a Z*: como construir e manter marcas e sucesso. Rio de Janeiro: Elsevier, 2002.

SANDHUSEN, Richard L. *Marketing básico*. São Paulo: Saraiva, 2003.

SROUR, Robert Henry. *Poder, cultura e ética nas organizações*: o desafio das formas de gestão. 2. ed. Rio de Janeiro: Elsevier, 2005.

UNIVERSO DOS NEGÓCIOS. O que é Product Placement? *Universo dos Negócios*: Marketing. Disponível em: <http://www.universodosnegocios.com/negocios/o-que-e-product-placement>. Acesso em: 24 jan. 2016.

ZEITHAML, Valarie A.; BITNER, Mary Jo. *Marketing de serviços*: a empresa com foco no cliente. 2. ed. Porto Alegre: Bookman, 2003.

ÍNDICE

A

Abordagem
  clássica 18, 19, 23, 24, 26
  contemporânea 17, 25

AMA — American Marketing Association 10

Ambientes de marketing 41, 51, 191

C

Canais de marketing xxv, 13, 83, 127–136, 211

Ciclo de vida 13, 25, 65, 66–69, 72–74, 98, 141, 163, 191, 215

Comportamento do consumidor xxv, 48, 137–146, 153, 156, 169, 188, 212

Composto de Marketing xxiv, 13, 31, 52, 111, 112, 117–118, 120, 127, 150, 156, 158, 189, 209, 215

Concorrência xxiv, 3, 20, 29, 32, 52, 56, 60–61, 65, 68, 70, 75, 79, 89, 103–110, 112, 114, 134, 147, 150, 156, 158, 159, 160, 161, 165, 167, 172, 201, 210, 211

Consumidores 6, 9, 12, 20, 22, 24, 26, 27, 28, 31, 34–37, 39, 44, 48–49, 52, 59, 65, 66, 68, 87, 91, 97, 100, 113, 143, 145, 148–153, 155, 156, 159, 160, 162, 166, 167, 168–172, 176, 179, 180, 184, 192, 205, 208

  potenciais 149, 151, 216

Consumidores potenciais 21, 25

Corrigir a demanda 25

Crescimento 5, 53, 54–55, 67, 68, 71, 111, 120, 163, 180, 208

Criar a demanda 25

CRM 22, 32, 33, 137, 216

D

Declínio 25, 67, 69, 72, 162, 163, 167, 176, 191

Defesa do consumidor 50, 207, 208

Demanda xxiv, 19, 20, 25, 25–26, 30, 33, 53, 67, 71, 76, 77, 78, 79, 81, 85, 89, 101, 107, 113–116, 129, 164–165, 180, 192, 204, 206, 216, 217
  indesejada 101, 162
  latente 25
  negativa 25, 192, 219
  repetição 173

Desenvolver a demanda 25

Destruir a demanda 26

E

Endomarketing 30, 46, 50, 191, 200, 216

Evidências físicas 124, 190

F

Fidelizar 32, 37, 169, 180, 192

Financeiro 24, 27, 49, 144

Fornecedores 9, 11, 27, 44, 45, 46–47, 85, 100, 104, 122, 197, 209, 216

G

Gestão
   de marcas 163–178, 213
   de marketing xxv, 13, 187–194, 213

Governamental 48, 134

H

Heterogeneidade 115–116, 118, 123–124

I

Industriais 3, 48, 89, 131, 132

Intangibilidade 113

Interface xxv, 195–200, 214

Intermediários 44, 47–48, 128, 129, 130, 131, 132, 134, 181, 191, 212

internacionais 59

Internacional 5, 6, 10, 48, 52, 54, 55, 176

Introdução xxiii–xxvi, 1, 14, 15, 39, 64, 67, 68, 72–73, 103, 111, 127, 135, 137, 147, 155, 163, 177, 179, 187, 193, 195, 200, 201

K

Kotler 6, 10, 11, 23, 26, 35, 50, 52, 69, 139, 140, 141, 142, 143, 149, 150, 151, 207, 208

M

Macroambiente 43, 51–62

Manter a demanda 26

Marketing xxiii, xxiv, xxv, 1–16, 17, 21, 23, 24, 26, 50, 66, 68, 196–200, 203–205
   de conversão 25
   de desenvolvimento 25
   de eliminação 26
   de estímulo 25
   de manutenção 26
   de redução 26
   de relacionamento 32–34, 209
   de revitalização 25
   de serviços xxv, 111–126, 127, 211
   de sincronização 26
   digital xxv, 14, 157, 179–186, 195
   ético 201–206
   holístico 29–35, 35, 191, 200
   integrado 21, 31
   interno 29–31, 216
   Marketing 3.0 28, 35–37
   para Seres Humanos 28, 37–38
   socialmente responsável 33–34

Marketing Mix 64

Matriz BCG 66, 71–74

Matriz SWOT xxiv, 44, 216

Maturidade 67, 68–69, 72, 162, 163, 206

Mercado 21, 24–25, 106, 147–154, 176, 205

Microambiente 51, 41–52, 52, 60, 209

Mix de Marketing xxiv, 13, 31, 64

N

Nichos xxv, 13, 43, 85, 106, 108, 169, 176, 215, 219

O

Oferta 5, 6, 12, 24, 25, 26, 32, 81, 82, 111, 117, 162, 217

P

Perecibilidade 114–115

Pessoas 17–40, 122–123, 191–192, 200

Posicionamento
  de produto 155–162
  de serviço 155–162

Potencial 21, 25, 32, 38, 49, 69, 70, 80, 95, 100, 103, 121, 123, 134, 152, 155, 158, 172

Praça 13, 31, 64, 87–94, 117, 120–121, 127, 161, 190

Preço 20, 63–102, 118–120, 158, 161, 209

Produtividade 124

Produto 117–118, 128–129, 155–162, 190, 191, 192, 207

Promoção 13, 20, 21, 31, 54, 63–102, 107, 117, 121–122, 190

Propaganda 97–98

Publicidade 98

Público-alvo 13, 47, 49, 51, 53, 90, 95, 131, 139, 149, 150, 152, 155, 156, 157, 161, 169, 188, 192, 215

R

Reduzir a demanda 26

Revendedores 47, 48, 83, 100

Revitalizar a demanda 25

S

Saturação 8, 67, 69, 72, 163

Sazonalidade 26, 46, 79, 114, 217

Segmentação de Mercado 48, 147–154, 157, 192, 212

Serviço 111–126

Simultaneidade 116–117

Sincronizar a demanda 26

Stakeholders 29, 216

T

Tarefa de marketing 25, 25–26, 34

Troca 23

V

Vendas 15, 20, 21, 98–99, 199

CONHEÇA OUTROS LIVROS DA ALTA BOOKS

Negócios - Nacionais - Comunicação - Guias de Viagem - Interesse Geral - Informática - Idiomas

Todas as imagens são meramente ilustrativas.

SEJA AUTOR DA ALTA BOOKS!

Envie a sua proposta para: autoria@altabooks.com.br

Visite também nosso site e nossas redes sociais para conhecer lançamentos e futuras publicações!
www.altabooks.com.br

/altabooks ▪ /altabooks ▪ /alta_books

ALTA BOOKS
EDITORA

VELOPRINT
GRÁFICA E EDITORA LTDA
Rua Álvaro Seixas, 165
Engenho Novo - Rio de Janeiro
Tels.: (21) 2218-5911 / 4974
E-mail: veloprint.rio@gmail.com